不确定信息下的案例推理决策方法及应用研究

李鹏 李庆胜 徐志伟 陈胜男 ◎ 著

中国财经出版传媒集团

经济科学出版社
Economic Science Press

图书在版编目（CIP）数据

不确定信息下的案例推理决策方法及应用研究／李鹏
等著 . —北京：经济科学出版社，2021. 10
ISBN 978 - 7 - 5218 - 2888 - 7

Ⅰ . ①不…　Ⅱ . ①李…　Ⅲ . ①不确定系统 - 决策方法 -
研究　Ⅳ . ①C934

中国版本图书馆 CIP 数据核字（2021）第 188598 号

责任编辑：胡成洁
责任校对：杨　海
责任印制：范　艳

不确定信息下的案例推理决策方法及应用研究

李　鹏　李庆胜　徐志伟　陈胜男　著
经济科学出版社出版、发行　新华书店经销
社址：北京市海淀区阜成路甲 28 号　邮编：100142
经管编辑中心电话：010 - 88191335　发行部电话：010 - 88191522
网址：www. esp. com. cn
电子邮箱：espcxy@ 126. com
天猫网店：经济科学出版社旗舰店
网址：http：//jjkxcbs. tmall. com
北京季蜂印刷有限公司印装
710 × 1000　16 开　9. 5 印张　158000 字
2021 年 11 月第 1 版　2021 年 11 月第 1 次印刷
ISBN 978 - 7 - 5218 - 2888 - 7　定价：45. 00 元
（图书出现印装问题，本社负责调换。电话：010 - 88191510）
（版权所有　侵权必究　打击盗版　举报热线：010 - 88191661
QQ：2242791300　营销中心电话：010 - 88191537
电子邮箱：dbts@ esp. com. cn）

序

　　管理学大师赫伯特·西蒙认为，"管理就是决策"。大到国家重大战略，小到每个人的日常生活，均离不开科学的决策。在实际决策过程中，人们往往基于多个准则对不同的备选方案进行比较，最终选择最优方案。决策者的判断以信息为依据，信息的缺乏或冗余必然导致决策者判断的不确定性。传统的实数信息难以表达决策者的观点，直觉模糊信息、语言判断和灰色信息等可能更加适合决策者对决策问题的描述。学者们针对不确定信息决策问题开展研究，取得了不少成果。已有研究以不确定信息的融合、简化和不同准则权重的确定为主，而对于两个重要问题"是否一定要得到最优决策方案"和"如何对方案进行分类"则关注不多。

　　案例推理方法是根据过去的成功经验或者决策者对部分决策方案的有效把握，通过优化模型获取准则权重和分类依据，从而获得满意决策方案的一种方法。一方面，该方法解决了分类依据问题；另一方面，该方法追求满意决策方案，特别适合那些时间紧迫的决策问题。

　　本书从各种不确定信息的特点入手，提出了直觉模糊相似度和距离测度公式、毕达哥拉斯相似度测度公式、犹豫模糊语言距离测度公式、概率语言价值函数，将灰色关联思想和行为理论与案例推理方法结合，提出了针对不同不确定信息的案例推理决策方法，切实解决了各种现实决策问题。在理论层面，该书提出了一种基于案例推理的新决策模式，能够有效结合专家经验和决策信息，为决策者提供寻求满意方案和分类依据的有效方法。在应用层面，本书提出的方法能够解决大量现实决策问题，尤其是决策时间紧迫的问题，具有较强的现实指导意义。

    本书是李鹏博士十多年研究心血的结晶，也是其主持完成的国家自然科学基金项目的主要成果之一。我有幸先期阅读书稿，为青年学者不懈探索的科学精神所深深感动。相信这样一本学术意义和实用价值兼备的优秀著作出版，将会促进决策科学的发展，并为推动我国决策科学化做出重要贡献。

国家"万人计划"教学名师、国家有突出贡献的中青年专家

南京航空航天大学特聘教授、博士生导师

前　言

多准则决策是决策理论的重要组成部分，主要围绕有限方案在多个准则下的择优问题展开，准则权重和信息集结方式是影响最终决策结果的两个关键因素。由于决策问题的复杂性和决策者知识的有限，越来越多的问题以不确定信息的形式表征，如何处理这些不确定信息成为决策的关键。一方面，在很多实际问题中，获取最优决策方案是不现实的，如应急决策问题，由于时间的紧迫性，我们只能退而求其次，获取满意解即可。另一方面，在某些实际决策问题中，不仅仅需要对方案进行排序分析，更需要对方案进行分类，例如扶贫中的贫困家庭归类问题，我们事先不知道每一类方案的数量，传统的决策方法难以解决。因此，本书围绕不确定信息和分类问题，提出了不确定信息下的案例推理决策方法，并将其应用到不同的实际问题中。

案例推理方法是根据过去成功经验或决策者非常确定的备选方案集，通过优化模型、确定指标权重和分类半径，充分考虑专家经验和实际决策信息，为决策者提供满意解。在实际决策过程中，决策者面临的信息往往是不确定的，常常涉及直觉模糊信息、毕达哥拉斯模糊信息、犹豫模糊语言信息和概率语言信息等。本书系统地研究了上述四种不确定信息的案例推理方法，并将这些方法应用到实际问题中。

本书既可以作为高等院校管理科学、信息科学等专业的研究生或高年级本科生的参考书，也可以作为相关部门的决策参考。

目　录

■ 第1章 ■

不确定决策与案例推理

随着社会的快速发展，尤其是互联网的兴起，人们在进行决策时需要面临巨量信息，这些信息里充斥着大量不确定信息，如何处理这些不确定信息尤为关键。在很多情况下，想要获得最优决策可能不现实，只能退其次寻求满意决策。案例推理方法是根据过去成功经验或对典型的分析，对现有方案进行推理得到满意决策。本书提出了不确定信息下的案例推理决策方法，主要涉及直觉模糊信息、毕达哥拉斯模糊信息、犹豫模糊语言信息和概率语言模糊信息。

1.1　直觉模糊信息决策方法

保加利亚学者阿塔纳索夫（Atanassov，1986）提出了直觉模糊集的概念，扩展了模糊集理论。由于直觉模糊集包括隶属度、非隶属度和犹豫度三方面信息，对于处理模糊性和不确定性更具灵活性，在决策领域引起了国内外学者的重视。徐泽水（Xu，2007）提出了直觉模糊数（IFNs）的概念，作为直觉模糊集理论（IFS）的基本组成部分。徐泽水等（Xu et al.，2008）引入了动态直觉模糊聚集算子，并演示了区间 IFNs 如何应用于决策问题。李登峰等（Li et al.，2010）提出了一种利用 IFS 进行多准则群决策的线性规划新方法。卫贵武（Wei，2010）利用灰色关联分析方法建立了一个优化模型，研究了具有直觉模糊信息的多准则决策问题。卫贵武（Wei，2011）运用灰色关联方法和非线性规划模型得到最优权重，并给出相应的决策方法。有学者通过计算直觉模糊相似度求得各个决策者的权重，利用集结算子得到了直觉模糊集群决策方法，并拓展到区间直觉模糊集上（Chen & Yang，2011）。徐泽水（Xu，2011）提出一种加权平均算子，并用在直觉模糊群体信息集结上。有学者提出了一种优先直觉模糊算子（Yu & Xu，2013）。刘培德（Liu，2013）提出了直觉模糊广义依赖集结算子。有学者提出了广义直觉模糊加权几何算子（Zhang，2013a）和直觉模糊混合爱因斯坦集结算子（Zhao & Wei，2013）。另外，许多基于直觉模糊信息的决策模型相继被提出，例如基于柔性计算的区间直觉模糊群决策模型（Yue & Jia，2013）、灰色关联投影决策方法（Zhang et al.，2013b）、基于 IFS 前景得分函数的 IVIFS 决策方法（Wang et al.，2012）。叶军（Ye，2013）提出了决策者权重完全未知、准则权重不完全已知的多准则群决策新方法。有学者基于变换技术构造了一种新的 Atanassov 直觉模糊集之间的相似性度量，并将其应用于模式识别（Chen & Chang，2015a）。有学者利用犹豫度，提出一种新的混合多准则群决策的区间直觉模糊数学规划方法（Wan & Dong，2015a）。刘炳胜等（Liu et al.，2015）给出了一种基于区间直觉模糊主成分分析模型的方法，用于处理复杂多准则大型群决策问题。有学者利用 D-S 理论提出了一种新的直觉模糊集距离测度（Song et al.，2015）。有学者提出了一种扩展的区间直觉模糊集 TOPSIS 方法，采用包含比较的方法来解决多准则群决策问题（Chen，2015b）。徐泽水和廖虎昌（Xu & Liao，2015）对直觉模糊偏好关系下的决策问题进行了全面的研究。有学者提出了直觉模糊决策理论粗糙集的朴素模型并详细说明了其相关性质（Liang & Liu，2015a）。万树平和李登峰（Wan & Li，2015b）基于偏好多维分析的线性规划技术开发了一种新的模糊数学规划方法来解决异构多准则决策问题。阿塔纳索夫（Atanassov，2015）讨论了应用直觉模糊逻辑的各种元素作为数据挖掘过程评估工

具的好处。有学者提出了一种基于直觉模糊加权算术平均算子的直觉
模糊多准则决策新模型（Yao & Witold，2016）。万树平等（Wan et al.，
2016）提出了一种利用直觉模糊偏好关系求解射频识别技术选择的新
方法。

1.2　毕达哥拉斯模糊信息决策方法

2013 年，雅格（Yager，2013a）将直觉模糊集拓展到隶属度与非
隶属度和可以大于 1 但其平方和小于等于 1 的毕达哥拉斯模糊集。雅
格和阿巴索夫（Yager and Abbasov，2013b）举例来说明这一情况，决
策者支持某方案的倾向为 $\frac{\sqrt{3}}{2}$，反对某方案倾向为 $\frac{1}{2}$，两个数之和大于
1，不可以用直觉模糊集来描述，但适用毕达哥拉斯模糊集。显然，毕
达哥拉斯模糊集对事物属性的描述提供了更多选择，较直觉模糊集具
有更强的表达不确定性的能力，能够更准确地模拟实际决策问题的模
糊性。毕达哥拉斯模糊集理论自此引起了学者的广泛关注。

有学者对毕达哥拉斯模糊数的运算法则进行定义并研究了毕达哥
拉斯模糊集的 TOPSIS 法（Zhang & Xu，2014），指出目前部分运算法
则的错误，给出新的定理，并证明其正确性（Yang et al.，2015）。雅
格（Yager，2014）定义了关于毕达哥拉斯模糊集的一系列集成算子，
并将其运用到多属性决策中。有学者研究了毕达哥拉斯模糊集退化成
直觉模糊集的条件，定义了毕达哥拉斯模糊数减法和除法的运算法则，
研究毕达哥拉斯模糊集成子的性质（Peng & Yang，2015a）。刘卫锋等
（2016a）研究了毕达哥拉斯模糊决策环境下的集成算子，定义了毕达
哥拉斯模糊有序加权平均算子（PFOWA）、广义毕达哥拉斯模糊有序
加权平均算子（GPFOWA）、毕达哥拉斯模糊有序加权几何算子
（PFOWG）、广义毕达哥拉斯模糊有序加权几何算子（GPFOWG）、拟
毕达哥拉斯模糊有序加权平均算子（QPFOWA）和拟毕达哥拉斯模糊

有序加权几何算子（QPFOWG）。加格（Garg，2016a）定义了毕达哥拉斯模糊爱因斯坦有序加权平均算子（PFEOWA），广义毕达哥拉斯模糊爱因斯坦加权平均算子（GPFEWA）和广义毕达哥拉斯模糊爱因斯坦有序加权平均算子（GPFEOWA）等。有学者将概率信息和有序加权平均算子结合运用到毕达哥拉斯模糊多属性决策并定义了毕达哥拉斯模糊概率有序加权平均算子（PFPOWA）（Wei & Lu，2018a）。何霞等（2016）将幂平均算子应用到毕达哥拉斯模糊决策环境中。彭定洪和杨扬（2018）分析了关于毕达哥拉斯模糊集的集成问题，将Heronian算子拓展到毕达哥拉斯模糊领域。李鹏等（2018）将HA算子拓展到毕达哥拉斯模糊集并结合灰色关联方法解决毕达哥拉斯模糊群决策问题。有学者拓展了毕达哥拉斯模糊幂函数，并结合幂函数的性质定义加权、加权平均、有序加权平均等关于毕达哥拉斯幂函数的各种集成算子（Wei & Lu，2018b）。

学者们不仅研究毕达哥拉斯模糊集的基本理论和集成算子，更是把其他理论与毕达哥拉斯模糊理论结合研究。基于软集理论（Molodtsov，1999）和语言集理论（Zadeh，1974），结合毕达哥拉斯模糊集的特性与软集的参数化，构造毕达哥拉斯模糊软集，并构建毕达哥拉斯模糊语言集（Peng & Yang，2016）研究毕达哥拉斯模糊语言集的混合加权平均算子（PFHA）。结合多重粗糙集（Reformat & Yager，2014）的优点，有学者将毕达哥拉斯模糊集与多重粗糙集相结合，定义了毕达哥拉斯模糊多重粗糙集（Zhang et al.，2016a）。结合犹豫集理论（Torra，2010），刘卫锋和何霞（2016b）提出毕达哥拉斯犹豫模糊集的概念，定义了毕达哥拉斯犹豫模糊数。加格（Garg，2016b）提出了毕达哥拉斯模糊集的相关性系数。有学者对毕达哥拉斯模糊集的变量进行研究，研究了几种毕达哥拉斯模糊函数并分别证明了其连续性（Gou et al.，2016a）。巴斯滕斯等（Bustince et al.，2016）对不同模糊集的定义和基本属性进行了整合，并分析了相关关系，指出直觉模糊集属于毕达哥拉斯模糊集的范围。有学者提出毕达哥拉斯模糊有序加权平均距离算子（PFOWAWAD），基于聚合算子和距离测度研究了毕达哥拉斯模糊多属性决策问题的新方法（Zeng et al.，2016）。刘卫峰等（2019）通过定义毕达哥拉斯模糊集的相关系数研究其相关测度。曾守桢和穆志民（2019）在毕达哥拉斯模糊数最初距离定义的基础上结合 TOPSIS 方法和混合加权平均方法定义了新距离公式。范建平等（2019）认为三角模糊数与毕达哥拉斯模糊数都在表述模糊信息方面具有更多的可能性，将三角模糊数与毕达哥拉斯模糊相结合，提出一种更具模糊性的决策方法。有学者着眼于几何邦费罗（Bonferroni）均值研究毕达哥拉斯模糊多准则群决策问题（Liang et al.，2017；Liang et al. 2018a）。有学者基于前景理论与后悔理论研究毕达哥拉斯模糊集的多属性决策（Peng & Dai，2017）。加格（Garg，2018）结合毕达哥拉斯模糊集和语言模糊集的概念，提出了一种新的语言毕达哥拉斯模糊集（LPFS），并探究其性质。

张小路（Zhang，2015）将毕达哥拉模糊集拓展到区间毕达哥拉斯模糊领域（interval-valued Pythagorean fuzzy set，IVPFS），并给出区间毕达哥拉斯模糊数的一般运算法则，基于离差最大化角度构建了区间毕达哥拉斯模糊集的多属性决策模型（Liang et al.，2015b）。加格（Garg，2016c）将加权算术平均算子和加权几何平均算子引入区间毕达哥拉斯模糊集。李娜等（2019）定义了区间毕达哥拉斯模糊相对熵公式，并结合 AQM 多属性决策方法将记分函数构成矩阵进行优化处理，借此来解决区间毕达哥拉斯模糊多属性决策问题。加格（Garg，2017）在考虑区间毕达哥拉斯模糊函数犹豫度的基础上研究了区间毕达哥拉斯模糊函数的记分函数和精确函数。王耀武（Wang，2018）提出了一种基于区间值毕达哥拉斯模糊集和 TOPSIS 的多属性决策方法。拉赫曼等（Rahman et al.，2019）将有序加权平均聚合算子引入区间毕达哥拉斯模糊领域，给出了新的区间毕达哥拉斯模糊决策方法。

尽管毕达哥拉斯模糊集研究起步较晚，但自提出以来，理论日渐完善，取得了丰硕的成果。基于毕达哥拉斯模糊集其自身独特的模糊性和不确定性，有学者使用语言术语来表达决策者对每个标准的替代知识检查服务的偏好，语言术语被转化为毕达哥拉斯模糊形式，开发了毕达哥拉斯模糊环境中的知识检查服务选择方法（Li et al.，2015）。张超等（Zhang et al.，2016a）将毕达哥拉斯模糊多重粗糙集应用于并购决策中。乔班和奥纳尔（Coban and Onar，2018）利用毕达哥拉斯模糊集来解决可再生能源问题。

1.3 犹豫模糊语言信息决策方法

多准则决策（MCDM）方法被广泛用于对备选方案进行排序，或根据相关准则选择最佳方案。这些标准往往具有定性的特征，适合用语言术语进行评价。例如，在评价汽车的乘坐舒适性时，专家们更喜欢使用"优秀""好"或"差"等模糊语言。模糊语言方法（Zadeh，1975）被广泛应用，它使用语言变量来表示专家的定性意见，于是有了许多旨在扩展和改进信息建模和计算中模糊语言方法的语言模型（Herrera and Martínez，2000；Herrera and Martínez，2001；Xu，2012；Xu，2005）。这些模型由于使用单一的语言术语来评估某一语言变量，存在一定的局限性，难以处理同时考虑多个术语的情况，或者需要一个复杂的语言术语。为了解决这种情况，罗德里格斯等（Rodríguez et al.，2012）引入犹豫模糊语言术语集（HFLTS）的概念，利用HFLTS 模型，可以通过多个语言术语或比较语言表达式来评估一个语言变量。

HFLTS 通过语言表达提高了语言信息获取的灵活性和能力。因此，它引起了越来越多学者的关注，并取得了许多丰硕的成果，包括犹豫模糊语言聚合算子、决策方法、信息度量、共识和一致性模型等。有学者提出了犹豫模糊语言术语集的比较法和相似性度量（Lee & Chen，2015）。廖虎昌等（Liao et al.，2014a）研究了犹豫模糊语言术语集的距离测度和相似性测度。魏翠萍等（Wei et al., 2014）提出了比较 HFLTS 和聚集算子的可能度公式。罗德里格斯等（Rodríguez et al., 2016）综述了构建复杂语言偏好的模糊语言方法。董玉成等（Dong et al., 2016）提出了一种新的基于词方法的 HFLTS 计算方法，在该方法中，HFLTS 可以基于不平衡的语言术语集使用数值尺度来构造。贝格和拉希德（Beg and Rashid, 2013）将 TOPSIS 方法推广到求解犹豫模糊语言决策问题。魏翠萍等（Wei et al., 2015a）扩展了基于 HFLTS 得分函数的犹豫模糊语言 TODIM 方法。廖虎昌等（Liao et al., 2015）提出了基于 HFLTS 代数距离测度的犹豫模糊语言 VIKOR 方法。随后，廖虎昌和徐泽水（Liao & Xu, 2015）基于余弦距离测度研究了新的 HFL-TOPSIS 方法和 HFL-VIKOR 方法。有学者提出了一种基于 ELECTRE 方法的排序方法（Wang et al., 2015）。魏翠萍和廖虎昌（Wei & Liao, 2016）给出了基于犹豫二元组集的多粒度语言群决策方法。魏翠萍等（Wei et al., 2015b）提出了 HFLTS 的得分函数，并给出了犹豫模糊语言 TODIM 方法。吴志斌和徐玖平（Wu & Xu, 2015）提出了一致性测度和一致性模型来提高犹豫模糊决策矩阵的一致性程度。董玉成等（Dong et al., 2015）通过尽量减少犹豫不决的语言群体评估中调整的简单条款，达成共识。法哈迪尼亚（Farhadinia, 2016）提出了一种利用熵获取 HFLTSs 准则权重的方法。在上述 HFLTS 的模型和方法中，距离测度被应用于多个方面，决策方法包括 HFL-TOPSIS 法、HFL-VIKOR 法、超越排序法、共识模型等，因此，研究距离测度的合理性至关重要。已有许多学者研究了 HFLTSs 的公理化定义和距离测度（Liao et al., 2014a; Falcó et al. 2014; Wang et al., 2015）。

1.4　概率语言信息决策方法

庞琪等（Pang et al., 2016）引入了概率语言术语集（PLTS）的概念，并提出了一些运算规律和比较方法。缑迅杰和徐泽水（Gou & Xu，2016b）提出了 PLTS 的改进运算法则。有学者通过构造可能性度公式，提出了一种新的 PLTS 比较方法（Bai et al.，2017）。陈振颂等（Chen et al.，2016）基于 t-范数提出了 PLTS 的两个新的运算法则，并提出了一种群决策方法。廖虎昌等（Liao et al.，2019）提出了 PLTS 的新的操作规则，并利用它们制定了 PLTS 的 ELECTRE（法语：ELimination et Choix Traduisant la REalité）方法。周伟和徐泽水（Zhou & Xu，2017a）讨论了概率语言模糊偏好的群体一致性问题，提出了一种群体决策方法。

关于 PLTS 的集成算子理论研究取得了丰硕的成果，如概率语言平均（PLA）算子（Pang et al.，2016）、概率语言几何（PLG）算子（Pang et al.，2016）、概率语言加权几何（PLWG）算子（Pang et al.，2016）、加权 PLTS 几何算子（WPLPG）（Kobina et al.，2017）、概率语言阿基米德双加权 MM（PLADWMM）算子（Liu & Teng，2018a）等。关于 PLTS 的偏好关系理论得到了大量学术的研究，如概率语言偏好关系（PLPR）、一致性指标，通过定义 PLTS 距离测度并将其引入到 PLTS 偏好关系中（Zhang et al.，2016b）。

许多学者将 PLTS 与 TOPSIS（Pang et al.，2016）、TODIM（Zhang et al.，2018）、PROMETHEE（Yu et al.，2019）、ORESTE（Wu et al.，2018）、ELECTRE（Lin et al.，2019）等决策方法相结合；李鹏和魏翠萍（Li & Wei，2019）将证据理论引入 PLTS 中用来解决多属性决策问题；李鹏等（Li et al.，2020）提出了一种基于后悔理论并考虑可接受性最低值的 PLTS 的双向匹配决策方法。

1.5　案例推理方法

案例推理（Case-based Reasoning，CBR）是从决策者（DMs）对

过去案例的决策中优先信息的有效途径。近年来，关于 CBR 方法的研究较多。陈晔等（Chen et al., 2008）提出了一种案例推理方法的筛选模型，并将模型应用到供水规划问题中。有学者利用案例推理模型解决面向服务的价值链设计制造问题（Chen & Chiu, 2015c）。有学者构建了一种案例推理方法，用来捕捉能量性能曲线（Koo & Hong, 2015）。有学者提出了基于案例推理的群决策方法，并将其应用于废水处理中（Yan et al., 2015）。樊治平等（Fan et al., 2015）提出了一种案例推理方法来解决项目风险管理问题。埃文斯（Evans, 2016）通过案例推理方法评估了企业管理教育问题。刘佳鹏等（Liu et al., 2019a）根据案例推理（分类）模型提出了一种市场细分方法。已有的案例推理研究大多基于实数评价信息，实际上在很多情况下，不确定评价信息更加普遍，因此，本书提出了一系列不确定评价信息的案例推理方法，并将其应用到不同的领域。

1.6　本书章节安排

本书聚焦于不确定信息的案例推理方法与应用研究，主要讨论常见的不确定信息案例推理方法及应用。本书的具体章节安排如下：第 1 章为综述；第 2 章为基本理论，主要回顾直觉模糊集、毕达哥拉斯模糊集、犹豫模糊语言术语集、概率语言术语集以及多准则决策问题的相关概念，为后续章节做铺垫；第 3 章为直觉模糊信息案例推理方法与应用，主要研究了三种不同的案例推理方法及应用；第 4 章是毕达哥拉斯模糊信息案例推理决策方法与应用；第 5 章是犹豫模糊语言信息案例推理决策方法及应用；第 6 章是概率语言信息案例推理方法与应用。

▓ 第 2 章 ▓

基本理论

本章主要介绍直觉模糊集、毕达哥拉斯模糊集、犹豫模糊语言术语集、概率语言术语集以及多准则决策问题的相关概念，为后续章节做铺垫。

2.1　直觉模糊集

定义 2-1（阿塔纳索夫，1986）

设 X 是一个给定论域，则 X 上的一个直觉模糊集 A 为 A = {⟨x, $u_A(x)$, $v_A(x)$⟩ | x ∈ X}，其中，$u_A(x)$ 和 $v_A(x)$ 分别为 X 中元素 x 属于 A 的隶属度和非隶属度。u_A: X→[0,1]，v_A: X→[0,1]，且满足条件 $0 \leqslant u_A(x) + v_A(x) \leqslant 1$，x ∈ X。称 $\pi_A(x) = 1 - u_A(x) - v_A(x)$ 表示 X 中元素 x 属于 A 的犹豫度。

一个直觉模糊集 A，其隶属度 $u_A(x)$、非隶属度 $v_A(x)$ 及犹豫度 $\pi_A(x)$ 分别表示对象 x 属于直觉模糊集 A 的支持、反对、中立证据的程度。

X 中的元素 x 属于 A 的隶属度与非隶属度所组成的有序对 ⟨$u_A(x)$, $v_A(x)$⟩，称为直觉模糊数。可以将 X 上的直觉模糊集 A 看作全体直觉模糊数的集合，记为 IFS（X）。

为了叙述方便，记 $\alpha = \langle u_\alpha, v_\alpha \rangle$ 为直觉模糊数，其中 $u_\alpha \in [0,1]$，$v_\alpha \in [0,1]$，$u_\alpha + v_\alpha \le 1$。

定义 2 - 2（Chen and Tan，1994）

对于直觉模糊数 $\alpha = \langle u_\alpha, v_\alpha \rangle$，定义 $S(\alpha) = u_\alpha - v_\alpha$ 为 α 的记分函数，其中 $S(\alpha) \in [-1,1]$。

通过比较记分函数 S 值的大小，可以确定直觉模糊数的大小。若记分函数值越大，则直觉模糊数越大。但应用此记分函数，会出现 S 值是 2 个以上等值的情况，此时，应用该方法不能区分直觉模糊数的大小。针对上式的不足，有学者提出了精确函数 $H(\alpha) = u_\alpha + v_\alpha$，以表示直觉模糊数反映出来的隶属情况的精确度（Hong & Choi，2000）。在得分函数 S 值相同的情况下，比较其精确函数值 H，H 越大，表示直觉模糊数越大。

例 2 - 1　设 $\alpha_1 = \langle 0.6, 0.1 \rangle$，$\alpha_2 = \langle 0.7, 0.2 \rangle$，通过记分函数可得：

$$S(\alpha_1) = 0.6 - 0.1 = 0.5, S(\alpha_2) = 0.7 - 0.2 = 0.5$$

显然运用记分函数无法比较 α_1 和 α_2 的大小，运用精确函数可得 $H(\alpha_1) = 0.6 + 0.1 = 0.7$，$H(\alpha_2) = 0.7 + 0.2 = 0.9$，可以得出 $\alpha_2 = \langle 0.7, 0.2 \rangle$ 大于 $\alpha_1 = <0.6, 0.1>$。

定义 2 - 3（徐泽水，2008）

设 $\alpha = \langle u_\alpha, v_\alpha \rangle$，$\alpha_1 = \langle u_{\alpha_1}, v_{\alpha_1} \rangle$ 和 $\alpha_2 = \langle u_{\alpha_2}, v_{\alpha_2} \rangle$ 为直觉模糊数，则：

(1) $\overline{\alpha} = \langle v_\alpha, u_\alpha \rangle$；

(2) $\alpha_1 \cap \alpha_2 = \langle \min\{u_{\alpha_1}, u_{\alpha_2}\}, \max\{v_{\alpha_1}, v_{\alpha_2}\} \rangle$；

(3) $\alpha_1 \cup \alpha_2 = \langle \max\{u_{\alpha_1}, u_{\alpha_2}\}, \min\{v_{\alpha_1}, v_{\alpha_2}\} \rangle$；

(4) $\alpha_1 \oplus \alpha_2 = \langle u_{\alpha_1} + u_{\alpha_2} - u_{\alpha_1}u_{\alpha_2}, v_{\alpha_1}v_{\alpha_2} \rangle$；

(5) $\alpha_1 \otimes \alpha_2 = \langle u_{\alpha_1}u_{\alpha_2}, v_{\alpha_1} + v_{\alpha_2} - v_{\alpha_1}v_{\alpha_2} \rangle$；

（6） $\lambda\alpha = \langle 1 - (1 - u_\alpha)^\lambda,\ v_\alpha^\lambda \rangle$；

（7） $\alpha^\lambda = \langle u_\alpha^\lambda,\ 1 - (1 - v_\alpha)^\lambda \rangle$。

定义2-4（徐泽水，2008）

设 $\alpha_j = \langle u_{\alpha_j},\ v_{\alpha_j} \rangle$ （j = 1，2，…，n）为一组直觉模糊数，且设 IFWA：$\Theta^n \to \Theta$，若 $IFWA_w$ （α_1，α_2，…，α_n） = $w_1\alpha_1 \oplus w_2\alpha_2 \oplus \cdots \oplus w_n\alpha_n$，则称 IFWA 为直觉模糊加权平均算子，其中 w =（w_1，w_2，…，w_n）^{T} 为 α_j（j = 1，2，…，n）的权重向量，$w_j \in [0,1]$（j = 1，2，…，n），$\sum_{j=1}^{n} w_j = 1$。

通过定义2-3和定义2-4，我们就可以对多个直觉模糊数进行信息融合。

2.2 毕达哥拉斯模糊集

雅格（Yager，2013a）在直觉模糊集的基础上引入了毕达哥拉斯模糊集（PFS），PFS 具有更多的不确定性，容纳性更高，适用性更强。

定义2-5（雅格，2013a）

设 $X = \{x_1, x_2, \cdots, x_n\}$ 是一非空集合，则 X 上的一个毕达哥拉斯模糊集 P 为 $P = \{\langle x, P(u_p(x), v_p(x)) \rangle \mid x \in X\}$，其中 $u_p(x) \in [0,1]$ 为 X 中的元素 x 属于毕达哥拉斯模糊集 P 的隶属度；$v_p(x) \in [0,1]$ 为 X 中的元素 x 属于毕达哥拉斯模糊集 P 的非隶属度；满足 $(u_p(x))^2 + (v_p(x))^2 \leqslant 1$；$\pi_p(x) = \sqrt{1 - (u_p(x))^2 - (v_P(x))^2}$ 为 X 中的元素 x 属于毕达哥拉斯模糊集 P 的犹豫度。

毕达哥拉斯模糊数（PFN）$\alpha = P(u_\alpha, v_\alpha)$ 是由 x 属于 α 的隶属度

u_α 和非隶属度 v_α 组成的有序对，其中 $0 \leqslant u_\alpha \leqslant 1$，$0 \leqslant v_\alpha \leqslant 1$，$u_\alpha^2 + v_\alpha^2 \leqslant 1$。$u_\alpha$ 称为毕达哥拉斯模糊数 α 的隶属度，v_α 为毕达哥拉斯模糊数 α 的非隶属度，$\pi_\alpha = \sqrt{1 - u_\alpha^2 - v_\alpha^2}$ 为毕达哥拉斯模糊数 α 的犹豫度。

例如，给定 $\alpha = P(0.8, 0.4)$，有 $u_p + v_p = 0.8 + 0.4 = 1.2 > 1$，$u_p^2 + v_p^2 = 0.8^2 + 0.4^2 = 0.8 < 1$，因此，$\alpha = P(0.8, 0.4)$ 是毕达哥拉斯模糊数。

在雅格定义了毕达哥拉斯模糊数后，张小路和徐泽水（2014）根据毕达哥拉斯模糊数的性质定义了毕达哥拉斯模糊数的基本运算法则，后来有学者补充了毕达哥拉斯模糊数的除法和减法运算法则（Peng & Yang，2015a）。

定义 2 - 6（Peng & Yang，2015a）

设 $\beta_1 = P(u_{\beta1}, v_{\beta1})$，$\beta_2 = P(u_{\beta2}, v_{\beta2})$，$\beta = P(u_\beta, v_\beta)$ 为任意三个毕达哥拉斯模糊数，则有如下公式：

（1）$\beta_1 \cup \beta_2 = P(\max\{u_{\beta1}, u_{\beta2}\}, \min\{v_{\beta1}, v_{\beta2}\})$；

（2）$\beta_1 \cap \beta_2 = P(\min\{u_{\beta1}, u_{\beta2}\}, \max\{v_{\beta1}, v_{\beta2}\})$；

（3）$\beta^C = P(v_\beta, u_\beta)$；

（4）$\beta_1 \oplus \beta_2 = P(\sqrt{u_{\beta1}^2 + u_{\beta2}^2 - u_{\beta1}^2 u_{\beta2}^2}, v_{\beta1} v_{\beta2})$；

（5）$\beta_1 \otimes \beta_2 = P(u_{\beta1} u_{\beta2}, \sqrt{v_{\beta1}^2 + v_{\beta2}^2 - v_{\beta1}^2 v_{\beta2}^2})$；

（6）$\lambda\beta = P(\sqrt{1 - (1 - u_\beta^2)^\lambda}, (v_\beta)^\lambda)(\lambda > 0)$；

（7）$\beta^\lambda = P((u_\beta)^\lambda, \sqrt{1 - (1 - v_\beta^2)^\lambda})(\lambda > 0)$；

（8）$\beta_1 - \beta_2 = P\left(\sqrt{\dfrac{u_{\beta1}^2 - u_{\beta2}^2}{1 - u_{\beta2}^2}}, \dfrac{v_{\beta1}}{v_{\beta2}}\right)$，$\left(u_{\beta1} \geqslant u_{\beta2}, v_{\beta1} \leqslant \min\left\{v_{\beta2}, \dfrac{v_{\beta2}\pi_{\beta1}}{\pi_{\beta2}}\right\}\right)$；

（9）$\beta_1 \div \beta_2 = P\left(\dfrac{u_{\beta1}}{u_{\beta2}}, \sqrt{\dfrac{v_{\beta1}^2 - v_{\beta2}^2}{1 - v_{\beta2}^2}}\right)$，$\left(u_{\beta1} \leqslant \min\left\{u_{\beta2}, \dfrac{u_{\beta2}\pi_{\beta1}}{\pi_{\beta2}}\right\}, v_{\beta1} \geqslant v_{\beta2}\right)$。

张小路和徐泽水（2014）在给出毕达哥拉斯模糊数相关运算法则的同时证明了毕达哥拉斯模糊数的以下性质，见定理 2 - 1 至定理 2 - 4。

定理 2 - 1（Zhang and Xu，2014）

设 $\beta_1 = P(u_{\beta 1}，v_{\beta 1})$，$\beta_2 = P(u_{\beta 2}，v_{\beta 2})$，$\beta = P(u_\beta，v_\beta)$ 为任意三个毕达哥拉斯模糊数，当 $\lambda > 0$，$\lambda_1 > 0$，$\lambda_2 > 0$ 时：

（1）$\beta_1 \oplus \beta_2 = \beta_2 \oplus \beta_1$；

（2）$\beta_1 \otimes \beta_2 = \beta_2 \otimes \beta_1$；

（3）$\lambda(\beta_1 \oplus \beta_2) = \lambda\beta_1 \oplus \lambda\beta_2，\lambda > 0$；

（4）$\lambda_1\beta \oplus \lambda_2\beta = (\lambda_1 + \lambda_2)\beta，\lambda_1，\lambda_2 > 0$；

（5）$(\beta_1 \otimes \beta_2)^\lambda = \beta_1{}^\lambda \otimes \beta_2{}^\lambda，\lambda > 0$；

（6）$\beta^{\lambda_1} \otimes \beta^{\lambda_2} = \beta^{(\lambda_1 + \lambda_2)}，\lambda_1，\lambda_2 > 0$。

定理 2 - 2（Peng and Yang，2015a）

定理 2 - 2 补充定义了毕达哥拉斯模糊数的如下性质。

$\beta = P(u_\beta，v_\beta)$，$\beta_1 = P(u_{\beta 1}，v_{\beta 1})$，$\beta_2 = P(u_{\beta 2}，v_{\beta 2})$ 为任意三个毕达哥拉斯模糊数，当 $\lambda > 0$，$\lambda_1 > 0$，$\lambda_2 > 0$ 时：

（1）$(\beta^C)^\lambda = (\lambda\beta)^C$；

（2）$\lambda(\beta)^C = (\beta^\lambda)^C$；

（3）$\beta_1 \cup \beta_2 = \beta_2 \cup \beta_1$；

（4）$\beta_1 \cap \beta_2 = \beta_2 \cap \beta_1$；

（5）$\lambda(\beta_1 \cup \beta_2) = \lambda\beta_1 \cup \lambda\beta_2$；

（6）$(\beta_1 \cup \beta_2)^\lambda = \beta_1{}^\lambda \cup \beta_2{}^\lambda$；

（7）$\lambda(\beta_1 - \beta_2) = \lambda\beta_1 - \lambda\beta_2$，$u_{\beta 1} \geqslant u_{\beta 2}$，$v_{\beta 1} \leqslant \min\left\{v_{\beta 2}，\dfrac{v_{\beta 2}\pi_{\beta 1}}{\pi_{\beta 2}}\right\}$；

（8）$(\beta_1 \div \beta_2)^\lambda = \beta_1{}^\lambda \div \beta_2{}^\lambda$，$u_{\beta 1} \leqslant \min\left\{u_{\beta 2}，\dfrac{u_{\beta 2}\pi_{\beta 1}}{\pi_{\beta 2}}\right\}$，$v_{\beta 1} \geqslant v_{\beta 2}$；

（9）$\lambda_1\beta - \lambda_2\beta = (\lambda_1 - \lambda_2)\beta$，$\lambda_1 \geqslant \lambda_2$；

（10）$\beta^{\lambda_1} \div \beta^{\lambda_2} = \beta^{(\lambda_1 - \lambda_2)}$，$\lambda_1 \geqslant \lambda_2$。

定理 2 - 3（Peng and Yang，2015a）

设 $\beta_1 = P(u_{\beta 1}，v_{\beta 1})$，$\beta_2 = P(u_{\beta 2}，v_{\beta 2})$ 为任意 2 个毕达哥拉斯模

糊数，则：

（1）$\beta_1^C \cup \beta_2^C = (\beta_1 \cap \beta_2)^C$；

（2）$\beta_1^C \cap \beta_2^C = (\beta_1 \cup \beta_2)^C$；

（3）$\beta_1^C \oplus \beta_2^C = (\beta_1 \oplus \beta_2)^C$；

（4）$\beta_1^C \otimes \beta_2^C = (\beta_1 \oplus \beta_2)^C$；

（5）$\beta_1^C - \beta_2^C = (\beta_1 \div \beta_2)^C$，$v_{\beta 1} \geqslant v_{\beta 2}$，$u_{\beta 1} \leqslant \min\left\{u_{\beta 2}, \dfrac{u_{\beta 2}\pi_{\beta 1}}{\pi_{\beta 2}}\right\}$；

（6）$\beta_1^C \div \beta_2^C = (\beta_1 \cap \beta_2)^C$，$u_{\beta 1} \geqslant u_{\beta 2}$，$v_{\beta 1} \leqslant \min\left\{v_{\beta 2}, \dfrac{v_{\beta 2}\pi_{\beta 1}}{\pi_{\beta 2}}\right\}$。

定理 2 - 4（Peng and Yang，2015a）

设 $\beta_1 = P(u_{\beta 1}, v_{\beta 1})$，$\beta_2 = P(u_{\beta 2}, v_{\beta 2})$ 为任意 2 个毕达哥拉斯模糊数，则：

（1）$(\beta_1 \cup \beta_2) \oplus (\beta_1 \cap \beta_2) = \beta_1 \oplus \beta_2$；

（2）$(\beta_1 \cup \beta_2) \otimes (\beta_1 \cap \beta_2) = \beta_1 \otimes \beta_2$；

（3）$(\beta_1 \cup \beta_2) - (\beta_1 \cap \beta_2) = \beta_1 - \beta_2$，$u_{\beta 1} \geqslant u_{\beta 2}$，$v_{\beta 1} \leqslant \min\left\{v_{\beta 2}, \dfrac{v_{\beta 2}\pi_{\beta 1}}{\pi_{\beta 2}}\right\}$；

（4）$(\beta_1 \cup \beta_2) \div (\beta_1 \cap \beta_2) = \beta_1 \div \beta_2$，$v_{\beta 1} \geqslant v_{\beta 2}$，$u_{\beta 1} \leqslant \min\left\{u_{\beta 2}, \dfrac{u_{\beta 2}\pi_{\beta 1}}{\pi_{\beta 2}}\right\}$。

关于两个毕达哥拉斯模糊数大小的比较方法，学者们基于毕达哥拉斯模糊数的隶属度和非隶属度考虑，定义了关于毕达哥拉斯模糊数的记分函数（Zhang and Xu，2014），由于记分函数存在相等的情况，因此在记分函数的基础上提出了毕达哥拉斯模糊数的精确函数（Peng and Yang，2015a）。

定义 2 - 7（Peng and Yang，2015a）

设 $\beta = P(u_\beta, v_\beta)$ 为一个毕达哥拉斯模糊数，其记分函数和精确函数为：

$$S_{Zhang}(\beta) = u_\beta^2 - v_\beta^2; \qquad (2-1)$$

$$H_{Peng}(\beta) = u_\beta^2 + v_\beta^2 \qquad (2-2)$$

设 $\beta_1 = P(u_{\beta 1}, v_{\beta 1})$, $\beta_2 = P(u_{\beta 2}, v_{\beta 2})$ 为两个毕达哥拉斯模糊数, 则:

（1）如果 $S(\beta_1) > S(\beta_2)$, 则 $\beta_1 > \beta_2$;

（2）如果 $S(\beta_1) < S(\beta_2)$, 则 $\tilde{\alpha}_1 < \tilde{\alpha}_2$;

（3）如果 $S(\beta_1) = S(\beta_2)$, 则 $H(\beta_1) > H(\beta_2)$ 时 $\beta_1 > \beta_2$; $H(\beta_1) < H(\beta_2)$ 时, $\beta_1 < \beta_2$。

定义 2-8（Zhang and Xu, 2014）

若任意两个毕达哥拉斯模糊数 $\beta_1 = P(u_{\beta 1}, v_{\beta 1})$, $\beta_2 = P(u_{\beta 2}, v_{\beta 2})$, 则定义两者之间的距离为:

$$d(\beta_1, \beta_2) = \frac{1}{2}(\,|u_{\beta 1}^2 - u_{\beta 2}^2| + |v_{\beta 1}^2 - v_{\beta 2}^2| + |\pi_{\beta 1}^2 - \pi_{\beta 2}^2|\,) \qquad (2-3)$$

为了将毕达哥拉斯模糊集进行集结, 学者们提出一系列毕达哥拉斯模糊集。

定义 2-9（Yager, 2014）

设 $\beta_i = P(u_{\beta_i}, v_{\beta_i})$ $(i = 1, 2, \cdots, n)$ 为一组毕达哥拉斯模糊数, Ω 为毕达哥拉斯模糊数集, 映射 PF-WA: $\Omega^n \rightarrow \Omega$。则毕达哥拉斯模糊数的加权平均算子（PF-WA）定义为:

$$PF - WA(\beta_1, \beta_2, \cdots, \beta_n) = \left(\sum_{i=1}^{n} w_i u_{\beta_i}, \sum_{i=1}^{n} w_i v_{\beta_i} \right) \qquad (2-4)$$

其中, $W = (w_1, w_2, \cdots, w_j, \cdots, w_n)^T$ 是与 $\beta_i = P(u_{\beta_i}, v_{\beta_i})$ $(i = 1, 2, \cdots, n)$ 相关联的加权向量, $w_i \in [0,1]$, $\sum_{j=1}^{n} w_j = 1$。

定义 2-10（Yager and Abbasov, 2013b）

设 $\beta_i = P(u_{\beta_i}, v_{\beta_i})$ $(i = 1, 2, \cdots, n)$ 为一组毕达哥拉斯模糊数,

Ω 为毕达哥拉斯模糊数集，映射 PF-WG：$\Omega^n \to \Omega$。则毕达哥拉斯模糊数的算术平均算子（PF-WG）定义为：

$$PF - WG(\beta_1, \beta_2, \cdots, \beta_n) = \left(\prod_{i=1}^{n} u_{\beta_i}^{w_i}, \prod_{i=1}^{n} v_{\beta_i}^{w_i} \right) \qquad (2-5)$$

其中，$W = (w_1, w_2, \cdots, w_j, \cdots, w_n)^T$ 是与 $\beta_i = P(u_{\beta_i}, v_{\beta_i})$（$i = 1, 2 \cdots, n$）相关联的加权向量，$w_i \in [0,1]$，$\sum_{j=1}^{n} w_j = 1$。

定义 2 – 11（Yager and Abbasov, 2013b）

设 $\beta_i = P(u_{\beta_i}, v_{\beta_i})$（$i = 1, 2, \cdots, n$）为一组毕达哥拉斯模糊数，$\Omega$ 为毕达哥拉斯模糊数集，映射 PF-WPA：$\Omega^n \to \Omega$。则毕达哥拉斯模糊数的加权 power 平均算子（PF-WPA）定义为：

$$PF - WPA(\beta_1, \beta_2, \cdots, \beta_n) = \left(\left(\sum_{i=1}^{n} w_i u_{\beta_i}^2 \right)^{\frac{1}{2}}, \left(\sum_{i=1}^{n} w_i v_{\beta_i}^2 \right)^{\frac{1}{2}} \right)$$

$$(2-6)$$

其中，$W = (w_1, w_2, \cdots, w_j, \cdots, w_n)^T$ 是与 $\beta_i = P(u_{\beta_i}, v_{\beta_i})$（$i = 1, 2, \cdots, n$）相关联的加权向量，$w_i \in [0,1]$，$\sum_{j=1}^{n} w_j = 1$。

定义 2 – 12（Yager and Abbasov, 2013b）

设 $\beta_i = P(u_{\beta_i}, v_{\beta_i})$（$i = 1, 2, \cdots, n$）为一组毕达哥拉斯模糊数，$\Omega$ 为毕达哥拉斯模糊数集，映射 PF-WPG：$\Omega^n \to \Omega$。则毕达哥拉斯模糊数的加权 power 几何算子（PF-WPG）定义为：

$$PF - WPG(\beta_1, \beta_2, \cdots, \beta_n)$$

$$= \left(\left(1 - \prod_{i=1}^{n} (1 - u_{\beta_i}^2)^{w_i} \right)^{\frac{1}{2}}, \left(1 - \prod_{i=1}^{n} (1 - v_{\beta_i}^2)^{w_i} \right)^{\frac{1}{2}} \right)$$

$$(2-7)$$

其中，$W = (w_1, w_2, \cdots, w_j, \cdots, w_n)^T$ 是与 $\beta_i = P(u_{\beta_i}, v_{\beta_i})$（$i = 1, 2,$

$\cdots,n$）相关联的加权向量，$w_i \in [0,1]$，$\sum_{j=1}^{n} w_j = 1$。

2.3 犹豫模糊语言术语集

对于多准则决策（MCDM）问题，决策者用语言表达意见可能是容易和合理的。徐泽水（Xu，2012）提出了下标对称的语言术语集如下：

$$S = \{s_\alpha \mid \alpha = -\tau, \cdots, -1, 0, 1, \cdots, \tau\}$$

其中，s_0 代表"中立"，且 τ 为正整数，S 满足：

（1）如果 $\alpha < \beta$，那么 $s_\alpha < s_\beta$；

（2）否定算子定义为 $neg(s_\alpha) = s_{-\alpha}$。

徐泽水（2012）将离散语言术语集推广到连续形式 $\overline{S} = \{s_\alpha \mid \alpha \in [-q,q]\}$，其中 q（q > τ）是一个足够大的正整数。扩展的语言术语集 $\overline{S}$ 便于计算，可以在不损失信息的情况下描述给定的语言评价。对于任何两个语言术语 $s_\alpha \in \overline{S}$ 和 $s_\beta \in \overline{S}$，μ，μ_1，$\mu_2 > 0$，操作法则如下：

（1）$s_\alpha \oplus s_\beta = s_{\alpha+\beta}$；

（2）$\mu s_\alpha = s_{\mu\alpha}$；

（3）$(\mu_1 + \mu_2) s_\alpha = \mu_1 s_\alpha \oplus \mu_2 s_\alpha$；

（4）$\mu(s_\alpha \oplus s_\beta) = \mu s_\alpha \oplus \mu s_\beta$。

为了说明决策者在进行评价时可能会在若干价值之间犹豫的情况，有学者提出了犹豫模糊语言术语集（HFLTS）的概念（Rodríguez et al.，2012）。

定义 2 - 13（Rodríguez et al.，2012）

设 S 是语言术语集，$HFLTSH_S$ 是 S 的连续语言术语的有序有限子集。

例 2 - 2　设 S = {s$_{-3}$ = 极低，s$_{-2}$ = 非常低，s$_{-1}$ = 低，s$_0$ = 中等，s$_1$ = 高，s$_2$ = 非常高，s$_3$ = 极高} 是一个语言术语集，那么 H$_S^1$ = {s$_0$}，H$_S^2$ = {s$_1$，s$_2$}，H$_S^3$ = {s$_{-1}$，s$_0$，s$_1$，s$_2$} 是三个 S 上的 HFLTSs。

定义 2 - 14 (Rodríguez et al., 2012)

设 H$_S$，H$_S^1$ 和 H$_S^2$ 是 S 上的三个任意的 HFLTS，然后定义如下运算法则：

（1）$\overline{H_S}$ = S - H$_S$ = {s$_i$ ∈ S，s$_i$ ∉ H$_S$}；

（2）H$_S^1$ $\bigvee$ H$_S^2$ = {max{s$_i$，s$_j$} | s$_i$ ∈ H$_S^1$，s$_j$ ∈ H$_S^2$}；

（3）H$_S^1$ $\bigwedge$ H$_S^2$ = {min{s$_i$，s$_j$} | s$_i$ ∈ H$_S^1$，s$_j$ ∈ H$_S^2$}；

（4）H$_S^+$ = max{s$_i$ | s$_i$ ∈ H$_S$}；

（5）H$_S^-$ = min{s$_i$ | s$_i$ ∈ H$_S$}；

（6）env(H$_S$) = [H$_S^-$，H$_S^+$]。

定义 2 - 15 (Farhadinia, 2016)

设 H$_S$ = {s$_{\delta_1}$，s$_{\delta_2}$，⋯，s$_{\delta_1}$} 是 S = {s$_\alpha$ | α = -τ，⋯，-1，0，1，⋯，τ} 上的一个 HFLTS，H$_S$ 的得分函数和变差函数定义如下：

$$\mu(H_S) = \frac{1}{1}\sum_{k=1}^{1}\delta_k, v(H_S) = \sqrt{\frac{1}{l_2}\sum_{k \neq t=1}^{1}(\delta_k - \delta_t)^2},$$

其中，$l_2 = \dfrac{1!}{(1-2)!\ 2!}$。

定义 2 - 16 (Wang et al., 2015)

设 H$_S^1$ = {s$_{\delta_1}^1$，s$_{\delta_2}^1$，⋯，s$_{\delta_{1_1}}^1$} 和 H$_S^2$ = {s$_{\delta_1}^2$，s$_{\delta_2}^2$，⋯，s$_{\delta_{1_2}}^2$} 是 S = {s$_\alpha$ | α = -τ，⋯，-1，0，1，⋯，τ} 上的两个 HFLTSs，H$_S^1$ 和 H$_S^2$ 的偏序关系 "≤$_1$" 定义如下：

$$H_S^1 \leqslant_1 H_S^2 \text{ iff } s_{\delta_k}^1 \leqslant s_{\delta_k}^2, H_S^{1+} \leqslant H_S^{2+}, \quad k = 1, \cdots, l_k, l_k = \min\{l_1, l_2\}$$

$$(2-8)$$

很容易证明 $H_S^1 \leqslant_1 H_S^2$ iff $H_S^{1-} \leqslant H_S^{2-}$, $H_S^{1+} \leqslant H_S^{2+}$。

定义 2 –17（Farhadinia, 2016）

设 $H_S^1 = \{s_{\delta_1}^1, s_{\delta_2}^1, \cdots, s_{\delta_{l_1}}^1\}$ 和 $H_S^2 = \{s_{\delta_1}^2, s_{\delta_2}^2, \cdots, s_{\delta_{l_2}}^2\}$ 是 $S = \{s_\alpha \mid \alpha = -\tau, \cdots, -1, 0, 1, \cdots, \tau\}$ 上的两个 HFLTSs，H_S^1 和 H_S^2 的完全序关系 "$\leqslant_2$" 定义如下：

（1）如果 $\mu(H_S^1) < \mu(H_S^2)$，那么 $H_S^1 \leqslant_2 H_S^2$；

（2）如果 $\mu(H_S^1) = \mu(H_S^2)$，那么：

情况 1：$v(H_S^1) = v(H_S^2)$，那么 $H_S^1 = H_S^2$；

情况 2：$v(H_S^1) < v(H_S^2)$，那么 $H_S^1 \geqslant_2 H_S^2$；

情况 3：$v(H_S^1) > v(H_S^2)$，那么 $H_S^1 \leqslant_2 H_S^2$。

定义 2 –18（Liao et al., 2014a）

HFLTS 的距离度量公理。设 $S = \{s_\alpha \mid \alpha = -\tau, \cdots, -1, 0, 1, \cdots, \tau\}$ 是一个 HFLTS，H_S^1 和 H_S^2 是 S 上的两个任意 HFLTSs，那么 H_S^1 和 H_S^2 的距离测度 $d(H_S^1, H_S^2)$ 应该满足以下条件：

（1）$0 \leqslant d(H_S^1, H_S^2) \leqslant 1$；

（2）$d(H_S^1, H_S^2) = 0$ iff $H_S^1 = H_S^2$；

（3）$d(H_S^1, H_S^2) = d(H_S^2, H_S^1)$。

从例 2 –2 中我们可以发现，对于不同的 HFLTS，在很多情况下存在不同数量的语言术语。为了便于比较两种 HFLTS，廖虎昌等（Liao et al., 2014a）提出了添加语言术语的方法。也就是说，长度较短（语言术语的数量）的 HFLTS 应该延长到两者长度相同。扩展较短的术语的最好方法是在其中多次添加相同的语言术语，直到短的语言术语集与更长的术语集具有相同的长度。

设 $H_S = \{s_a, s_{a+1}, \cdots, s_b\}$ 是一个 HFLTS，ξ（$0 \leqslant \xi \leqslant 1$）是一个优化的参数，然后通过下面的方法可以得到添加的语言学术语 $\bar{s} = s_{\xi a + (1 - \xi) b}$。

定义 2 –19（Liao et al.，2014a）

对于两个长度相同的 HFLTS，根据以上公理提出了一些距离测度方法如下。

设 $S = \{s_\alpha \mid \alpha = -\tau, \cdots, -1, 0, 1, \cdots, \tau\}$ 是一个语言术语集，$H_S^1 = \{s_{\delta_1^1}, s_{\delta_2^1}, \cdots, s_{\delta_l^1}\}$ 和 $H_S^2 = \{s_{\delta_1^2}, s_{\delta_2^2}, \cdots, s_{\delta_l^2}\}$ 是两个 S 上的 HFLTSs，则定义 H_S^1 和 H_S^2 的 Hamming 距离、欧氏距离和广义距离为：

$$d_{hd}(H_S^1, H_S^2) = \frac{1}{l} \sum_{k=1}^{l} \frac{|\delta_k^1 - \delta_k^2|}{2\tau + 1} \qquad (2-9)$$

$$d_{ed}(H_S^1, H_S^2) = \left(\frac{1}{l} \sum_{l=1}^{L} \left(\frac{|\delta_l^1 - \delta_l^2|}{2\tau + 1} \right)^2 \right)^{1/2} \qquad (2-10)$$

$$d_{gd}(H_S^1, H_S^2) = \left(\frac{1}{l} \sum_{k=1}^{l} \left(\frac{|\delta_k^1 - \delta_k^2|}{2\tau + 1} \right)^\lambda \right)^{1/\lambda} \text{ 其中 } \lambda > 0$$
$$(2-11)$$

定义 2 –20（Falcó et al.，2014）

设 Φ 为所有 HFLTSs 的集合，Z 是一个整数集，$H_S^1 = \{s_m, s_{m+1}, \cdots, s_n\}$（$-\tau \leqslant m \leqslant n \leqslant \tau$）和 $H_S^2 = \{s_p, s_{p+1}, \cdots, s_q\}$（$-\tau \leqslant p \leqslant q \leqslant \tau$）是两个 HFLTSs，并且函数 $\psi: \Phi \to Z^2$ 满足 $\psi(H_S) = (k-1, h-1)$，则 H_S^1 到 H_S^2 之间的 Manhattan 距离定义为：

$$d_{NM}(H_S^1, H_S^2) = d_{md}(\psi(H_S^1), \psi(H_S^2)) = \frac{1}{4\tau}(|n-q| + |m-p|)$$
$$(2-12)$$

定义 2 –21（Wang et al.，2015）

HFLTS 的公理化定义和方向 Hausdorff 距离测度。

设 $S = \{s_\alpha \mid \alpha = -\tau, \cdots, -1, 0, 1, \cdots, \tau\}$ 是一个 HFLTS，H_S^1 和 H_S^2 为任意两个 S 上的 HFLTSs，那么 H_S^1 和 H_S^2 之间的距离测度 $d(H_S^1, H_S^2)$ 应该满足以下条件：

（1）$d(H_S^1, H_S^1) = 0$；

（2）$0 \leqslant d(H_S^1, H_S^2) \leqslant 1$；

（3）如果 $H_S^1 \leqslant_1 H_S^2 \leqslant_1 H_S^3$，那么 $d(H_S^2, H_S^3) \leqslant_1 d(H_S^1, H_S^3)$，$d(H_S^1, H_S^2) \leqslant_1 d(H_S^1, H_S^3)$。

定义 2-22（Wang et al.，2015）

对于 S 中的语言项 s_i，进行 S 到 [0，1] 映射的单调增函数 f：$S \rightarrow [0, 1]$ 称为语言尺度函数。函数 f 可以通过以下两种方法得到：

（1）$f(s_x) = \dfrac{x + \tau}{2\tau}, (x = -\tau, \cdots, -1, 0, 1, \cdots, \tau)$ （2-13）

（2）$f(s_y) = \theta_y, (y = -\tau, \cdots, -1, 0, 1, \cdots, \tau)$ （2-14）

其中 $\theta_y = \begin{cases} \dfrac{a^\tau - a^{-y}}{2a^\tau - 2} & (-\tau \leqslant y \leqslant 0) \\ \dfrac{a^\tau + a^y - 2}{2a^\tau - 2} & (0 < y \leqslant \tau) \end{cases}$，求得 a 的方法见罗德里格斯等

人的文献（Rodríguez et al.，2012）。

定义 2-23（Wang et al.，2015）

设 $S = \{s_\alpha \mid \alpha = -\tau, \cdots, -1, 0, 1, \cdots, \tau\}$ 是一个 HFLTS，H_S^1 和 H_S^2 为任意两个 S 上的 HFLTSs，那么 H_S^1 和 H_S^2 的直接 Hausdorff 距离 D_{dhd} 定义如下：

$$D_{dhd}(H_S^1, H_S^2) = \begin{cases} \dfrac{1}{\#H_S^1} \sum\limits_{s_i \in H_S^1} \min\limits_{s_j \in H_S^2} \{\max\{0, f(s_i) - f(s_j)\}\}, & H_S^{1+} \neq H_S^{2+} \\ \dfrac{1}{\#H_S^2} \sum\limits_{s_i \in H_S^2} \min\limits_{s_j \in H_S^1} \{\max\{0, f(s_i) - f(s_j)\}\}, & \text{otherwise} \end{cases}$$

（2-15）

2.4 概率语言术语集（PLTS）

定义 2-24（Pang et al., 2016）

设 $S = \{s_t \mid t = -\tau, \cdots, 0, \cdots, \tau\}$ 是一个语言术语集，则 S 的一个概率语言术语集可以定义为：$L(p) = \{L^k(p^k) \mid L^k \in S, 0 \leq p^k \leq 1, k = 1, 2, \cdots, \#L(p), \sum_{k=1}^{\#L(p)} p^k \leq 1\}$，其中，$\#L(p)$ 为 $L(p)$ 中语言项的个数，$L^k(p^k)$ 为与其概率 p^k 相关的语言项 L^k。

例 2-3 设 $S = \{s_{-2}, s_{-1}, s_0, s_1, s_2\}$ 是一个语言术语集，则 $L_1(p) = \{s_{-2}(0.4), s_0(0.3), s_1(0.3)\}$ 和 $L_2(p) = \{s_1(0.3), s_2(0.5)\}$ 均为概率语言术语集。

在许多情况下，可能存在 $\sum_{k=1}^{\#L(p)} p^k < 1$ 这样的情况，如例 2-3 中 $L_2(p)$，这意味着存在部分无知。为了消除部分无知，可以采用定义 2-25 描述的归一化方法。

定义 2-25（Pang et al., 2016）

设 $L(p)$ 是概率语言术语集，其中 $\sum_{k=1}^{\#L(p)} p^k < 1$，则归一化 PLTS 可定义为：

$$\tilde{L}(p) = \{L^k(\tilde{p}^k) \mid k = 1, 2, \cdots, \#L(p)\} \tag{2-16}$$

其中，对于 $k = 1, 2, \cdots, \#L(p)$，有 $\tilde{p}^k = p^k \big/ \sum_{k=1}^{\#L(p)} p^k$。

例 2-4 根据式（2-16），可以将例 2-3 中的 $L_2(p) = \{s_1(0.3), s_2(0.5)\}$ 变换为规范化的 PLTS，即：$\tilde{L}_2(p) = \{s_1(0.38), s_2(0.62)\}$。

为了方便表示，本书仍然将规范化 PLTS 表示为 L（p）。

定义 2 –26（Pang et al., 2016）

设概率语言术语集 $L(p) = \{L^k(p^k) \mid k = 1, 2, \cdots, \#L(p)\}$，则 $L(p)$ 的记分函数可以定义为式（2 –17）：

$$E(L(p)) = s_{\tilde{\alpha}} \qquad (2-17)$$

其中，$\tilde{\alpha} = \sum_{k=1}^{\#L(p)} r^k p^k \Big/ \sum_{k=1}^{\#L(p)} p^k$，$r^{(k)}$ 是 L^k 的下标。

定义 2 –27（Pang et al., 2016）

设 $L(p) = \{L^k(p^k) \mid k = 1, 2, \cdots, \#L(p)\}$ 为一概率语言术语集，则 $L(p)$ 的偏差度可以定义为式（2 –18）：

$$\sigma(L(p)) = \frac{\sqrt{\sum_{k=1}^{\#L(p)} (p^k(r^k - \tilde{\alpha}))^2}}{\sum_{k=1}^{\#L(p)} p^k} \qquad (2-18)$$

基于式（2 –17）和式（2 –18），可以用以下规则比较 $L_1(p)$ 和 $L_2(p)$：

（1）如果 $E(L_1(p)) > E(L_2(p))$，则 $L_1(p) > L_2(p)$；

（2）如果 $E(L_1(p)) < E(L_2(p))$，则 $L_1(p) < L_2(p)$；

（3）如果 $E(L_1(p)) = E(L_2(p))$，则：

　1）如果 $\sigma(L_1(p)) > \sigma(L_2(p))$，则 $L_1(p) < L_2(p)$，

　2）如果 $\sigma(L_1(p)) > \sigma(L_2(p))$，则 $L_1(p) > L_2(p)$，

　3）如果 $\sigma(L_1(p)) = \sigma(L_2(p))$，则 $L_1(p) \sim L_2(p)$。

定义 2 –28（Pang et al., 2016）

设 $L_1(p) = \{L_1^k(p_1^k) \mid k = 1, 2, \cdots, \#L_1(p)\}$ 和 $L_2(p) = \{L_2^k(p_2^k) \mid k = 1, 2, \cdots, \#L_2(p)\}$ 是 2 个概率语言术语集，其中

$\#L_1(p) = \#L_2(p)$，则 $L_1(p)$ 与 $L_2(p)$ 的距离可以定义为：

$$d(L_1(p), L_2(p)) = \sqrt{\frac{\sum_{k=1}^{\#L_1(p)} (p_1^k r_1^k - p_2^k r_2^k)^2}{\#L_1(p)}} \qquad (2-19)$$

其中，r_1^k 和 r_2^k 分别是 L_1^k 与 L_2^k 的下标。

2.5　多准则决策

多准则决策分析的基本框架（Chen et al., 2008）可归纳如下：

（1）存在一个有限备选集 $A = \{A_1, A_2, \cdots, A_m\}$ 和一个准则集 $C = \{C_1, C_2, \cdots, C_n\}$；

（2）存在决策矩阵 $D = (d_{ij})_{m \times n}$，其中 d_{ij} 为 PLTS，表示方案 A_i 满足准则 C_j（$i = 1, 2, \cdots, m, j = 1, 2, \cdots, n$）的程度；

（3）对备选方案 A_1，A_2，$\cdots$，A_m 进行排序或将它们聚集到不同的类别 V_1，V_2，$\cdots$，V_p（$p \geqslant 2$）中。

影响决策结果的两个关键因素是专家偏好和指标权重。专家偏好包括心理因素和决策矩阵 D。可以用偏好值函数 $v(d_{ij})$ 来表示专家对评价值的偏好 d_{ij}，则 A_i 的偏好值向量表示为 $v(A_i) = (v(d_{i1}), v(d_{i2}), \cdots, v(d_{in}))$。设准则权重为 $w = (w_1, w_2, \cdots, w_n)$，则 A_i 的偏好值可表示为：

$$V(A_i) = G(v(A_i), w) \qquad (2-20)$$

2.6　本章小结

本章主要介绍了几种不确定信息的概念和运算法则以及多准则决策的基本框架，为后续研究做准备。

■ 第 3 章 ■

直觉模糊信息案例推理
决策方法及应用

3.1 基于直觉模糊相似度的
案例推理决策方法

3.1.1 新型直觉模糊相似度公式

传统的直觉模糊相似度以精确数表示，主要的问题是无法反映出直觉模糊数本身具有的犹豫程度，易造成信息在集成过程丢失。虽有学者已提出以直觉模糊数表征的相似度公式（张洪美等，2007；Wang et al.，2011），但仍然存在一些问题：一是计算量过大（张洪美等，2007），二是未考虑权重问题（Wang et al.，2011）。因此，本章提出一种以直觉模糊数表征的加权相似度公式。

定义 3-1（张洪美等，2007）

设 $\vartheta: \Omega^2 \to \Omega$，其中 Ω 为 X 上所有直觉模糊集的集合，且设 $A_i \in \Omega$（$i=1, 2, 3$），若 $\vartheta(A_1, A_2)$ 满足以下条件：

（1）$\vartheta(A_1, A_2)$ 是直觉模糊数；

（2）$\vartheta(A_1, A_2) = \langle 1, 0 \rangle$，当且仅当 $A_1 = A_2$；

（3）$\vartheta(A_1, A_2) = \vartheta(A_2, A_1)$；

（4）如果 $A_1 \subseteq A_2 \subseteq A_3$，则 $\vartheta(A_1, A_3) \subseteq \vartheta(A_1, A_2)$ 且 $\vartheta(A_1, A_3)$

$\subseteq \vartheta(A_2,A_3)$。

则称 $\vartheta(A_1,A_2)$ 为 A_1 和 A_2 的直觉模糊相似度。

在本章中，设任意两个方案为 A_i 和 A_k，其中 $\sum\limits_{j=1}^{n} w_j = 1$，$w_j$ 为指标 I_j 的权重，有如下定理。

定理 3-1

设直觉模糊集 A_i 和 A_k，令 $L(A_i,A_k) = \dfrac{\sum\limits_{j=1}^{n} w_j \min\{u_{ij},u_{kj}\}}{\sum\limits_{j=1}^{n} w_j \max\{u_{ij},u_{kj}\}}$，$H(A_i,$

$A_k) = \dfrac{\sum\limits_{j=1}^{n} w_j \min\{1-v_{ij},1-v_{kj}\}}{\sum\limits_{j=1}^{n} w_j \max\{1-v_{ij},1-v_{kj}\}}$，则

$$\vartheta(A_i,A_k) = (\overline{u_{ik}},\overline{v_{ik}}) = \langle \min\{L(A_i,A_k),H(A_i,A_k)\},$$
$$1-\max\{L(A_i,A_k),H(A_i,A_k)\}\rangle$$

为 A_i 和 A_k 的直觉模糊相似度。

证明：

（1）先证明 $\vartheta(A_i,A_k)$ 满足直觉模糊数定义。

因为 $0 \leqslant L(A_i,A_k) = \dfrac{\sum\limits_{j=1}^{n} w_j \min\{u_{ij},u_{kj}\}}{\sum\limits_{j=1}^{n} w_j \max\{u_{ij},u_{kj}\}} \leqslant 1,0 \leqslant H(A_i,A_k) =$

$\dfrac{\sum\limits_{j=1}^{n} w_j \min\{1-v_{ij},1-v_{kj}\}}{\sum\limits_{j=1}^{n} w_j \max\{1-v_{ij},1-v_{kj}\}} \leqslant 1$，得到：

$$0 \leqslant \overline{u_{ik}} = \min\{L(A_i,A_k),H(A_i,A_k)\} \leqslant 1,$$
$$0 \leqslant \overline{v_{ik}} = 1-\max\{L(A_i,A_k),H(A_i,A_k)\} \leqslant 1,$$
$$0 \leqslant \overline{u_{ik}} + \overline{v_{ik}} = \min\{L(A_i,A_k),H(A_i,A_k)\} +$$

$$1 - \max\left\{L(A_i, A_k), H(A_i, A_k)\right\} \leqslant 1$$

显然 $0 \leqslant \overline{v_{ij}} = d_1(A_i, A_k) \leqslant 1$，$\vartheta(A_i, A_k)$ 是直觉模糊数。

（2）对必要性的证明。

由 $\vartheta(A_1, A_2) = \langle 1, 0 \rangle$，

可知 $L(A_i, A_k) = \dfrac{\sum\limits_{j=1}^{n} w_j \min\{u_{ij}, u_{kj}\}}{\sum\limits_{j=1}^{n} w_j \max\{u_{ij}, u_{kj}\}} = 1$，

$H(A_i, A_k) = \dfrac{\sum\limits_{j=1}^{n} w_j \min\{1 - v_{ij}, 1 - v_{kj}\}}{\sum\limits_{j=1}^{n} w_j \max\{1 - v_{ij}, 1 - v_{kj}\}} = 1$，

故 $\sum\limits_{j=1}^{n} w_j \min\{u_{ij}, u_{kj}\} = \sum\limits_{j=1}^{n} w_j \max\{u_{ij}, u_{kj}\}$，

$\sum\limits_{j=1}^{n} w_j \min\{1 - v_{ij}, 1 - v_{kj}\} = \sum\limits_{j=1}^{n} w_j \max\{1 - v_{ij}, 1 - v_{kj}\}$

由 w_j 的任意性可知 $u_{ij} = u_{kj}$，$v_{ij} = v_{kj}$，故 $A_i = A_k$。

（3）对充分性的证明。

由 $A_i = A_k$，有 $\mu_{ij} = u_{kj}$，$v_{ij} = v_{kj}$，$\sum\limits_{j=1}^{n} w_j \min\{1 - v_{ij}, 1 - v_{kj}\} = \sum\limits_{j=1}^{n} w_j \max\{1 - v_{ij}, 1 - v_{kj}\}$，$\sum\limits_{j=1}^{n} w_j \min\{u_{ij}, u_{kj}\} = \sum\limits_{j=1}^{n} w_j \max\{u_{ij}, u_{kj}\}$，故 $\vartheta(A_1, A_2) = \langle 1, 0 \rangle$。

（4）如果 $A_1 \subseteq A_2 \subseteq A_3$，即 $u_{1j} \leqslant u_{2j} \leqslant u_{3j}$，$v_{1j} \geqslant v_{2j} \geqslant v_{3j}$（$j = 1, 2, \cdots, n$），

$$L(A_1, A_3) = \frac{\sum\limits_{j=1}^{n} w_j u_{1j}}{\sum\limits_{j=1}^{n} w_j u_{3j}} \leqslant \frac{\sum\limits_{j=1}^{n} w_j u_{1j}}{\sum\limits_{j=1}^{n} w_j u_{2j}} = L(A_1, A_2),$$

$$H(A_1, A_3) = \frac{\sum\limits_{j=1}^{n} w_j (1 - v_{1j})}{\sum\limits_{j=1}^{n} w_j (1 - v_{3j})} \leqslant \frac{\sum\limits_{j=1}^{n} w_j (1 - v_{1j})}{\sum\limits_{j=1}^{n} w_j (1 - v_{2j})} = H(A_1, A_2)$$

因此，$\overline{u}_{13} = \min\{L(A_1,A_3), H(A_1,A_3)\} \leqslant \min\{L(A_1,A_2), H(A_1,A_2)\} = \overline{u}_{12}$

$\overline{v}_{13} = 1 - \min\{L(A_1,A_3), H(A_1,A_3)\} \geqslant 1 - \max\{L(A_1,A_2), H(A_1,A_2)\} = \overline{v}_{12}$

即 $\vartheta(A_1,A_3) \subseteq \vartheta(A_1,A_2)$。

同理可证 $\vartheta(A_1,A_3) \subseteq \vartheta(A_2,A_3)$，定理证毕。

显然，对于直觉模糊数 $\alpha_1 = \langle u_1, v_1 \rangle$，$\alpha_2 = \langle u_2, v_2 \rangle$，其相似度为：

$$\vartheta(\alpha_1,\alpha_2) = \langle \min\left\{\frac{\min\{u_1,u_2\}}{\max\{u_1,u_2\}}, \frac{\min\{1-v_1,1-v_2\}}{\max\{1-v_1,1-v_2\}}\right\},$$
$$1 - \max\left\{\frac{\min\{u_1,u_2\}}{\max\{u_1,u_2\}}, \frac{\min\{1-v_1,1-v_2\}}{\max\{1-v_1,1-v_2\}}\right\}\rangle$$

可以看出，决策者依据风险偏好 λ 将相似度 $\vartheta(\alpha_1, \alpha_2)$ 转化为以实数表征的相似度（本文取 $\lambda = 0.5$）：

$$\gamma(\alpha_1,\alpha_2) = \min\left\{\frac{\min\{u_1,u_2\}}{\max\{u_1,u_2\}}, \frac{\min\{1-v_1,1-v_2\}}{\max\{1-v_1,1-v_2\}}\right\}$$
$$+ \max\left\{\frac{\min\{u_1,u_2\}}{\max\{u_1,u_2\}}, \frac{\min\{1-v_1,1-v_2\}}{\max\{1-v_1,1-v_2\}}\right\} - 1$$
$$+ \lambda \cdot \left(\max\left\{\frac{\min\{u_1,u_2\}}{\max\{u_1,u_2\}}, \frac{\min\{1-v_1,1-v_2\}}{\max\{1-v_1,1-v_2\}}\right\}\right.$$
$$\left.- \min\left\{\frac{\min\{u_1,u_2\}}{\max\{u_1,u_2\}}, \frac{\min\{1-v_1,1-v_2\}}{\max\{1-v_1,1-v_2\}}\right\}\right)$$

$$(3-1)$$

3.1.2　基于案例的分类及其决策方法

对于某决策问题，有 m 个备选方案 X_1，X_2，…，X_m，n 个评价指标 I_1，I_2，…，I_n，专家通过分析决策问题得到决策矩阵 $D = (d_{ij})_{m \times n}$，其中 d_{ij} 为直觉模糊数。

根据历史数据给出测试方案 A_1，A_2，$\cdots$，A_l，通过进一步分析，得到另一个直觉模糊决策矩阵 $T = [t_{ij}]_{l \times n}$，并且将方案 A_1，A_2，$\cdots$，A_l 分为 q 类 V_1，V_2，$\cdots$，V_q，$V_i = \{A_{i_1}, A_{i_2}, \cdots, A_{i_{k_i}}\}$。任意 $A_{i_s} \in V_i$，$A_{i-1_k} \in V_{i-1}$，有 $A_{i-1_k} > A_{i_s}$。其中 V_1 为最优方案类，V_q 为最差方案类。

找出最优方案 A^*。显然 $A^* \in V_1$，如果 A^* 已确定，设 $A^* = A_{1k_1}$；如果 A^* 难以确定，则取 V_1 中元素的平均值，设 $A^* = (\langle u_{*1}, v_{*1} \rangle,$ $\langle u_{*2}, v_{*2} \rangle, \cdots, \langle u_{*n}, v_{*n} \rangle)$。对于任意 $A_{i_s} \in V_i$，$A_{i_s} = (\langle u_{i_s1}, v_{i_s1} \rangle,$ $\langle u_{i_s2}, v_{i_s2} \rangle, \cdots, \langle u_{i_sn}, v_{i_sn} \rangle)$，根据式（3 - 1）计算 A^* 与 A_{i_s} 的相似度：

$$\gamma(A^*, A_{i_s}) = \sum_{k=1}^{n} w_k \gamma(\langle u_{i_sk}, v_{i_sk} \rangle, \langle u_{*k}, v_{*k} \rangle)。$$

案例推理中，分类半径是一个重要参数，设为 R_1，R_2，$\cdots$，R_{q-1}，且 $R_1 \geqslant R_2 \geqslant \cdots \geqslant R_{q-1} \geqslant 0$。$V_1$ 的元素 $\{A_{1_1}, A_{1_2}, \cdots, A_{1_{k_1}}\}$ 与最优方案 A^* 的相似度不小于 R_1，V_i 中的元素 $\{A_{i_1}, A_{i_2}, \cdots, A_{i_{k_1}}\}$ 与 A^* 的相似度大于等于 R_i 但小于 R_{i-1}（$i = 2, 3, \cdots, q-1$），V_q 的元素 $\{A_{1_1}, A_{1_2}, \cdots, A_{1_{k_1}}\}$ 与 A^* 的相似度大于 0 但小于 R_{q-1}。

根据以上分析，通过如下模型计算分类半径 R_i 以及最优权重 w_k（设 $R_0 = 1$，$R_q = 0$）：

$$\min \sum_{i=1}^{q} \sum_{s=1}^{k_i} \alpha_{i_s}^2 + \beta_{i_s}^2$$

$$s.t. \ \sum_{k=1}^{n} w_k \gamma(\langle u_{i_sk}, v_{i_sk} \rangle, \langle u_{*k}, v_{*k} \rangle) - \beta_{i_s} < R_{i-1};$$

$$\sum_{k=1}^{n} w_k \gamma(\langle u_{i_sk}, v_{i_sk} \rangle, \langle u_{*k}, v_{*k} \rangle) + \alpha_{i_s} \geqslant R_i; \qquad (P3 - 1)$$

$$w_k \geqslant 0, \sum_{k=1}^{n} w_k = 1, R_1 \geqslant R_2 \geqslant \cdots \geqslant R_{q-1} \geqslant 0;$$

$\alpha_{i_s} \geqslant 0, \beta_{i_s} \geqslant 0, i = 1, 2, \cdots, q, s = 1, 2, \cdots, k_i$；其中 $\alpha_{i_s} \geqslant 0$，$\beta_{i_s} \geqslant 0$ 为松弛变量。

显然，优化模型（P3 - 1）存在最优解。

综上，决策步骤如下：

步骤一，在 V_1 中寻找测试方案的最优方案 A^*；

步骤二，依据专家分析的分类结果，运用优化模型（P3 − 1）计算出 w_k 与 R_i；

步骤三，求出原决策问题中方案 X_1，X_2，…，X_m 与 A^* 的相似度，根据 R_i 进行分类与排序决策。

3.1.3　算例分析

城市化是中国发展的一大趋势，城市面积不断扩大，人口密度迅速提高，危险源分布更加广泛，城市建筑更加密集，这些因素使得城市面临着环境污染、交通拥挤、治安恶化等问题。在各种危险源与致灾因素的作用下，城市突发公共事件时有发生，这些突发事件很可能会演化成重大灾难，使得城市应急管理能力的提高成为政府工作的一个重点部分。

当城市公共事件突发后，及时合理有效地配置与调度有限的人力和物力资源是提高救援效率的关键。由于城市突发公共事件具有突发性、非常规性和不确定性，很难在短时间内采集到精确的大样本统计数据，决策者在沉重的决策压力下，往往对很多属性不是非常确定，带有较大的犹豫性，可以用直觉模糊信息表征。应急救灾的根本目标是减少突发事件中的人员伤亡和物质财产等损失，而在涉及人的突发事件中，减少人员伤亡又是绝对首要的目标。不同类型事件的特点可能会存在不同，但是影响受灾人员挽救可能性的因素基本一致，大致可以分为以下4个方面。

I_1：受灾人员的身体素质。年龄、性别、身体健康状况等因素，决定了人员的身体综合素质，而身体素质的好坏是影响人员生存能力的重要因素。

I_2：受灾人员伤残状况，即突发事件发生时受灾人员的健康情况，主要包括受伤人员的伤亡病等情况。

I_3：受灾人员的被困环境，指受灾人员在灾难发生后，评估及救援开始前所处的生存环境。

I_4：受困时间和受灾人数。显然，受困时间越短，生存可能性就越高，救援的意义就越大，受灾总人数越多，进行应急救援所需的人力、物力等资源就越多，救援的难度就越高。

例如，某地发生地震，有四个受灾地区需要救援，分别是 X_1，X_2，X_3，X_4。某救援部门考虑对其中一个灾情最严重的地区进行救援，通过专家对这四种备选受灾地区的情况进行打分，打分主要考虑了前述 4 个指标 I_1，I_2，I_3，I_4，得到下面的决策矩阵：

	I_1	I_2	I_3	I_4
X_1	⟨0.3，0.4⟩	⟨0.6，0.3⟩	⟨0.4，0.2⟩	⟨0.7，0.1⟩
X_2	⟨0.4，0.3⟩	⟨0.6，0.2⟩	⟨0.4，0.4⟩	⟨0.6，0.3⟩
X_3	⟨0.8，0.1⟩	⟨0.2，0.4⟩	⟨0.2，0.3⟩	⟨0.6，0.2⟩
X_4	⟨0.6，0.3⟩	⟨0.3，0.4⟩	⟨0.1，0.4⟩	⟨0.4，0.2⟩

步骤一，根据历史数据，专家给出测试方案中 8 个方案的决策矩阵：

	I_1	I_2	I_3	I_4
A_1	⟨0.6，0.3⟩	⟨0.4，0.2⟩	⟨0.6，0.2⟩	⟨0.6，0.1⟩
A_2	⟨0.3，0.4⟩	⟨0.6，0.3⟩	⟨0.7，0.2⟩	⟨0.6，0.3⟩
A_3	⟨0.7，0.1⟩	⟨0.3，0.4⟩	⟨0.2，0.3⟩	⟨0.4，0.2⟩
A_4	⟨0.7，0.3⟩	⟨0.4，0.3⟩	⟨0.6，0.2⟩	⟨0.6，0.3⟩
A_5	⟨0.7，0.1⟩	⟨0.4，0.3⟩	⟨0.6，0.2⟩	⟨0.6，0.2⟩
A_6	⟨0.4，0.4⟩	⟨0.7，0.2⟩	⟨0.6，0.2⟩	⟨0.6，0.3⟩
A_7	⟨0.6，0.1⟩	⟨0.3，0.4⟩	⟨0.4，0.3⟩	⟨0.6，0.1⟩
A_8	⟨0.6，0.3⟩	⟨0.3，0.3⟩	⟨0.7，0.2⟩	⟨0.4，0.3⟩

将 8 个测试方案分为 V_1、V_2 和 V_3 三类，A_5 和 A_6 属于 V_1；A_2，A_4，A_7 和 A_8 属于 V_2；A_1 和 A_3 属于 V_3。根据传统算数加权平均算子，最优方案为：

$A^* = (\langle 0.82, 0.04 \rangle, \langle 0.82, 0.06 \rangle, \langle 0.84, 0.06 \rangle, \langle 0.84, 0.06 \rangle)$

步骤二，通过计算模型（P3 - 1）得到 $w_1 = 0.33$，$w_2 = 0.36$，$w_3 = 0.29$，$w_4 = 0.02$。分类半径 $R_1 = 0.35$，$R_2 = 0.25$。

分别计算 X_1、X_2、X_3 和 X_4 与 A^* 的直觉模糊相似度，计算结果分别为 $\langle 0.57, 0.24 \rangle$，$\langle 0.6, 0.24 \rangle$，$\langle 0.67, 0.13 \rangle$，$\langle 0.48, 0.32 \rangle$，取风险中性，即 $\lambda = 0.5$，得到相似度分别为 0.43、0.44、0.64 和 0.26。

所以，X_3 属于 V_1；X_1，X_2，X_4 属于 V_2；并且有 $X_3 > X_2 > X_1 > X_4$。

下面将本方法与梁昌勇等（2012）提出的方法进行对比分析。

梁昌勇等（2012）提出的方法思想是用熵权法定权，再运用 TOPSIS 决策排序。首先得到指标权重为 0.28、0.25、0.13、0.34。

正理想解为 $M^* = (\langle 0.8, 0.1 \rangle, \langle 0.6, 0.2 \rangle, \langle 0.4, 0.2 \rangle, \langle 0.7, 0.1 \rangle)$，

负理想解为 $M_* = (\langle 0.3, 0.4 \rangle, \langle 0.2, 0.4 \rangle, \langle 0.1, 0.4 \rangle, \langle 0.4, 0.2 \rangle)$，

根据 TOPSIS，得到 $X_3 > X_1 > X_2 > X_4$。

本章提出的方法与传统线性加权方法以及梁昌勇等（2012）提供的决策方法得出的结果略有不同，导致不同的主要原因是本方法是根据专家在已有知识库里的方案进行评判后再进行数据挖掘，通过数学模型得出最优权重和半径，这样既考虑了客观数据，又结合了专家的主观评判，使得决策结果更加符合现实情况；而传统线性加权方法仅根据数据的特点确定权重，然后进行信息集结，显然脱离了实际背景，这样得出的结果或许与现实大相径庭。

本方法还可以对方案进行分类，分类半径的确定是通过实际决策数据与专家判断的有效结合得出，相对于传统聚类方法，对分类半径的确定更加客观。

3.2 基于灰色关联的直觉模糊案例推理方法

3.2.1 基于直觉模糊数的灰色关联模型

灰色关联的基本思想是根据序列曲线几何形状的相似程度来判断其联系的紧密程度。曲线越接近，相应序列之间关联度就越大，反之就越小。灰色关联对样本量多少和样本有无规律都同样适用，而且计算量小，十分方便，更不会出现量化结果与定性分析结果不符的情况。此外，灰色关联以系统的观点看待问题，克服了距离等测度往往孤立地看待两组数据的缺点，因此本书利用灰色关联思想去构建决策模型。但传统的灰色关联模型往往处理的信息以实数形式表征，而无法对直觉模糊数序列进行分析，故首先尝试建立一种基于直觉模糊数的灰色关联模型以解决此问题。

定义 3-2（刘思峰等，2004）

设 $X_0 = (x_0(1), x_0(2), \cdots, x_0(n))$

$$X_1 = (x_1(1), x_1(2), \cdots, x_1(n))$$

$$\cdots\cdots\cdots\cdots\cdots\cdots\cdots\cdots\cdots\cdots\cdots\cdots$$

$$X_i = (x_i(1), x_i(2), \cdots, x_i(n))$$

$$\cdots\cdots\cdots\cdots\cdots\cdots\cdots\cdots\cdots\cdots\cdots\cdots$$

$$X_m = (x_m(1), x_m(2), \cdots, x_m(n))$$

为相关因素序列。给定实数 $\gamma(x_0(k), x_i(k))$，若实数

$\gamma(X_0, X_i) = \sum_{k=1}^{n} \gamma(x_0(k), x_i(k)) w_k$ 满足 4 个条件

（1）规范性

$$0 < \gamma(X_0, X_i) \leqslant 1, \gamma(X_0, X_i) = 1 \Leftarrow X_0 = X_i$$

（2）整体性

对于 X_i，$X_j \in X = \{X_s \mid s = 0,1,2,\cdots, m; \ m \geq 2\}$，有 $\gamma(X_i, X_j)$ $\neq \gamma(X_j, X_i) \ (i \neq j)$

（3）偶对称性

对于 X_i，$X_j \in X$，有 $\gamma(X_i, X_j) = \gamma(X_j, X_i) \Leftrightarrow X = \{X_i, X_j\}$

（4）接近性

$\mid x_0(k) - x_i(k) \mid$ 越小，$\gamma(x_0(k), x_i(k))$ 越大，其中，w_k 为任意序列中第 k 个元素的权重，满足 $w_k \geq 0$，且 $\sum\limits_{k=1}^{n} w_k = 1$。

则称 $\gamma(X_0, X_i)$ 为 X_i 与 X_0 的灰色关联度，$\gamma(x_0(k), x_i(k))$ 为 X_i 与 X_0 在 k 点的关联系数，并称上述 4 个条件为灰色关联四公理。

定理 3 - 2

设系统行为序列：

$$X_0 = (\langle u_{01}, v_{01} \rangle, \langle u_{02}, v_{02} \rangle, \cdots, \langle u_{0n}, v_{0n} \rangle)$$
$$X_1 = (\langle u_{11}, v_{11} \rangle, \langle u_{12}, v_{12} \rangle, \cdots, \langle u_{1n}, v_{1n} \rangle)$$
$$\cdots \quad \cdots \quad \cdots$$
$$X_i = (\langle u_{i1}, v_{01} \rangle, \langle u_{i2}, v_{02} \rangle, \cdots, \langle u_{in}, v_{in} \rangle)$$
$$\cdots \quad \cdots \quad \cdots$$
$$X_m = (\langle u_{m1}, v_{m1} \rangle, \langle u_{m2}, v_{m2} \rangle, \cdots, \langle u_{mn}, v_{mn} \rangle)$$

对于 $\xi \in (0, 1)$，令

$$\gamma(\langle u_{0k}, v_{0k} \rangle, \langle u_{ik}, v_{ik} \rangle) =$$
$$\frac{\min\limits_{i} \min\limits_{k} \|u_{0k} - u_{ik}\| + \mid v_{0k} - v_{ik} \| + \xi \max\limits_{i} \max\limits_{k} \|u_{0k} - u_{ik}\| + \mid v_{0k} - v_{ik} \|}{\|u_{0k} - u_{ik}\| + \mid v_{0k} - v_{ik} \| + \xi \max\limits_{i} \max\limits_{k} \|u_{0k} - u_{ik}\| + \mid v_{0k} - v_{ik} \|}$$

$$(3 - 2)$$

$$\gamma(X_0, X_i) = \sum_{k=1}^{n} \gamma(x_0(k), x_i(k)) w_k \qquad (3 - 3)$$

则 $\gamma(X_0, X_i)$ 满足灰色关联四公理, 其中, ξ 称为分辨系数, $\gamma(X_0, X_i)$ 称为 X_0 与 X_i 的灰色关联度。

证明

（1）规范性

若 $\|u_{0k} - u_{ik}\| + |v_{0k} - v_{ik}\| = \min_i \min_k \|u_{0k} - u_{ik}\| + |v_{0k} - v_{ik}\|$, 则

$$\gamma(x_0(k), x_i(k)) = 1。$$

若 $\|u_{0k} - u_{ik}\| + |v_{0k} - v_{ik}\| \neq \min_i \min_k \|u_{0k} - u_{ik}\| + |v_{0k} - v_{ik}\|$, 则

$$\|u_{0k} - u_{ik}\| + |v_{0k} - v_{ik}\| > \min_i \min_k \|u_{0k} - u_{ik}\| + |v_{0k} - v_{ik}\|。$$

从而, $\min_i \min_k \|u_{0k} - u_{ik}\| + |v_{0k} - v_{ik}\| + \xi \max_i \max_k \|u_{0k} - u_{ik}\| + |v_{0k} - v_{ik}\| \leqslant \|u_{0k} - u_{ik}\| + |v_{0k} - v_{ik}\| + \xi \max_i \max_k \|u_{0k} - u_{ik}\| + |v_{0k} - v_{ik}\|$, 故 $\gamma(\langle u_{0k}, v_{0k} \rangle, \langle u_{ik}, v_{ik} \rangle) < 1$。

显然, 对任意 k, $\gamma(\langle u_{0k}, v_{0k} \rangle, \langle u_{ik}, v_{ik} \rangle) > 0$, 因此 $0 < \gamma(x_0(k), x_i(k)) \leqslant 1$。

（2）整体性

若 $X = \{X_s \mid s = 0, 1, 2, \cdots, m; m \geqslant 2\}$, 则对任意 X_{s_1}, $X_{s_2} \in X$, 一般地, $\max_i \max_k \|u_{s_1 k} - u_{ik}\| + |v_{s_1 k} - v_{ik}\| \neq \max_i \max_k \|u_{s_2 k} - u_{ik}\| + |v_{s_2 k} - v_{ik}\|$, 故整体性成立。

（3）偶对称性

若 $X = \{X_0, X_1\}$, 则

$$\|u_{0k} - u_{1k}\| + |v_{0k} - v_{1k}\| = \|u_{1k} - u_{0k}\| + |v_{1k} - v_{0k}\|,$$

$$\max_i \max_k |x_0(k) - x_i(k)| = \max_i \max_k |x_1(k) - x_i(k)|$$

$$\max_i \max_k \|u_{0k} - u_{ik}\| + |v_{0k} - v_{ik}\| = \|u_{1k} - u_{ik}\| + |v_{1k} - v_{ik}\|,$$

上式左端 $i = 1$, 右端 $i = 0$, 因此 $r(X_0, X_1) = r(X_1, X_0)$。

（4）接近性显然成立。

通过上面给出的基于直觉模糊数的灰色关联公式, 可以对直觉模糊信息序列进行灰色关联分析。

3.2.2 基于案例的分类及其决策方法

对于多属性（指标）决策问题，假设有 m 个可行方案 X_1，X_2，…，X_m，n 个评价指标 I_1，I_2，…，I_n，专家给出直觉模糊决策矩阵 $D = (d_{ij})_{m \times n}$。传统的聚类方法对于分类半径的选取往往带有较大主观性，而我们运用基于案例的方法可以较好地解决此问题。

根据已有知识库或者给专家一组测试方案 A_1，A_2，…，A_1，让专家进行评判，设专家给出的决策矩阵为 $T = [t_{ij}]_{1 \times n}$，其中 t_{ij} 为直觉模糊数。通过知识库或者咨询专家，将测试方案 A_1，A_2，…，A_1 分为 q 类，即 V_1，V_2，…，V_q，其中 V_i 的元素为 $\{A_{i_1}, A_{i_2}, \cdots, A_{i_{k_i}}\}$。对于任意两个方案 $A_{i_s} \in V_i$ 和 $A_{i-1_k} \in V_{i-1}$，有 $A_{i-1_k} > A_{i_s}$。其中 V_1 为最偏好的类，V_q 为最不偏好的类。

下面需要找出最优方案 A^*，V_1 的元素有 $\{A_{11}, A_{12}, \cdots, A_{1k_1}\}$，如果最优方案 A^* 已知，不妨设 A_{1k_1} 为已知最优方案，则令 $A^* = A_{1k_1}$；如果无法确定哪个方案最优，则取 A^* 为 V_1 中元素的平均值，$A^* = (\langle u_{*1}, v_{*1} \rangle, \langle u_{*2}, v_{*2} \rangle, \cdots, \langle u_{*n}, v_{*n} \rangle)$，则 A^* 为系统行为序列。

对于任意观测序列 $A_{i_s} \in V_i$，$A_{i_s} = (\langle u_{i_s1}, v_{i_s1} \rangle, \langle u_{i_s2}, v_{i_s2} \rangle, \cdots, \langle u_{i_sn}, v_{i_sn} \rangle)$，可以通过定理 3－2 中的式（3－3）得出 A^* 与 A_{i_s} 的灰色关联度为 $\gamma(A^*, A_{i_s}) = \sum_{k=1}^{n} w_k \gamma(\langle u_{i_sk}, v_{i_sk} \rangle, \langle u_{*k}, v_{*k} \rangle)$。

设分类半径为 R_1，R_2，…，R_{q-1}，且 $R_1 \geq R_2 \geq \cdots \geq R_{q-1} \geq 0$，$V_1$ 的元素 $\{A_{11}, A_{12}, \cdots, A_{1k_1}\}$ 与 A^* 的灰色关联度均大于等于 R_1；V_i 中的元素 $\{A_{i_1}, A_{i_2}, \cdots, A_{i_{k_1}}\}$ 与 A^* 的灰色关联度均大于等于 R_i 但小于 R_{i-1}（i = 2，3，…，q－1），V_q 的元素 $\{A_{11}, A_{12}, \cdots, A_{1k_1}\}$ 与 A^* 的灰色关联度均小于 R_{q-1}。

我们建立优化模型（P3－2）来确定权重 w_k 和分类半径 R_i（设 $R_0 = 1$，$R_q = 0$）。

$$\min \sum_{i=1}^{q} \sum_{s=1}^{k_i} \alpha_{i_s}^2 + \beta_{i_s}^2 \qquad (P3-2)$$

$$\text{s. t.} \quad \sum_{k=1}^{n} w_k \gamma(\langle u_{i_s k}, v_{i_s k}\rangle, \langle u_{*k}, v_{*k}\rangle) - \beta_{i_s} < R_{i-1};$$

$$\sum_{k=1}^{n} w_k \gamma(\langle u_{i_s k}, v_{i_s k}\rangle, \langle u_{*k}, v_{*k}\rangle) + \alpha_{i_s} \geq R_i;$$

$$w_k \geq 0, \sum_{k=1}^{n} w_k = 1, R_1 \geq R_2 \geq \cdots \geq R_{q-1} \geq 0;$$

$$\alpha_{i_s} \geq 0, \beta_{i_s} \geq 0, i = 1, 2, \cdots, q, s = 1, 2, \cdots, k_i;$$

其中，$\alpha_{i_s} \geq 0$，$\beta_{i_s} \geq 0$ 为松弛变量。

以下来证明优化模型（P3-2）有最优解。

证明

显然模型（P3-2）的约束条件集是凸集，目标函数是二次函数，自变量连续有界，故存在最优解。

通过模型（P3-2）计算出最优权重 w_k 和分类半径 R_i。然后分别计算 m 个可行方案 X_1，X_2，$\cdots$，X_m 与 A^* 的灰色关联度，根据分类半径 R_i 可以将 X_1，X_2，$\cdots$，X_m 进行分类，并可以进行决策。

综上可以得到基于案例的分类和决策方法步骤如下：

步骤一，找出测试方案的最优方案 A^*；

步骤二，根据测试方案的分类情况，运用优化模型（P3-2）求出最优权重 w_k 和分类半径 R_i；

步骤三，分别计算方案 X_1，X_2，$\cdots$，X_m 与 A^* 的灰色关联度，根据分类半径 R_i 可以将 X_1，X_2，$\cdots$，X_m 进行分类与决策。

3.2.3 案例分析

大型客机作为目前世界上复杂程度和技术含量最高的大型复杂产品，其研制过程一般由不同的设计部门、制造和装配厂商以及众多相关的专业系统公司密切协作、共同完成，现在的航空制造企业谁也无法独立完成从零部件生产、整机装配到成品的出售这样一个全过程。数目众多以及高度分散的供应商使得客机制造商如何加强对其管理变得十分复杂并具有非常大的挑战性。日趋激烈的竞争以及客户日益增长的高品质以及个性化需求，使得航空企业必须合理配置并利用各种资源，使用先进的技术开发出高质量、低成本的产品以及提供相关的优质服务。对于大型客机制造商来说，加强供应商管理是提高其核心竞争力的重要方法和手段。供应商绩效评价是供应商管理中的一个重要环节，它可以衡量和比较某一阶段双方合作的效果，又可以为下一次供应商关系调整奠定基础。供应商的绩效评价流程可以从进度水平、质量水平、采购水平、服务水平四个方面进行评价。

I_1：进度水平，主要考虑准时交货能力和柔性交货能力。

I_2：质量水平，主要考虑产品的质量和可靠性。

I_3：采购水平，主要考虑采购总成本和成本下降的主动性。

I_4：服务水平，主要考虑故障响应能力和售前及售后服务。

由于大型客机制造商供应商的选择和绩效评价资料涉及供应商的商业机密，本章在收集真实数据的基础上，进行了适当密化处理。本章收集了为某大型客机项目提供机头的四家供应商，分别是 X_1、X_2、X_3 和 X_4，邀请了包括客机制造商的采购部门经理、组织专家和技术专家在内的 10 人，组建了一个评价组，根据专家打分和相应的统计数据，得到结果如下，现要对这 4 个供应商的运行业绩进行评价。

	I_1	I_2	I_3	I_4
X_1	⟨0.3，0.4⟩	⟨0.6，0.3⟩	⟨0.4，0.2⟩	⟨0.7，0.1⟩
X_2	⟨0.4，0.3⟩	⟨0.6，0.2⟩	⟨0.4，0.4⟩	⟨0.6，0.3⟩
X_3	⟨0.8，0.1⟩	⟨0.2，0.4⟩	⟨0.2，0.3⟩	⟨0.6，0.2⟩
X_4	⟨0.6，0.3⟩	⟨0.3，0.4⟩	⟨0.1，0.4⟩	⟨0.4，0.2⟩

步骤一，让专家组根据历史数据评价 8 个供应商以往的情况。专家在进行分析后给出如下决策矩阵：

	I_1	I_2	I_3	I_4
A_1	$\langle 0.6, 0.3 \rangle$	$\langle 0.4, 0.2 \rangle$	$\langle 0.6, 0.2 \rangle$	$\langle 0.6, 0.1 \rangle$
A_2	$\langle 0.3, 0.4 \rangle$	$\langle 0.6, 0.3 \rangle$	$\langle 0.7, 0.2 \rangle$	$\langle 0.6, 0.3 \rangle$
A_3	$\langle 0.7, 0.1 \rangle$	$\langle 0.3, 0.4 \rangle$	$\langle 0.2, 0.3 \rangle$	$\langle 0.4, 0.2 \rangle$
A_4	$\langle 0.7, 0.3 \rangle$	$\langle 0.4, 0.3 \rangle$	$\langle 0.6, 0.2 \rangle$	$\langle 0.6, 0.3 \rangle$
A_5	$\langle 0.7, 0.1 \rangle$	$\langle 0.4, 0.3 \rangle$	$\langle 0.6, 0.2 \rangle$	$\langle 0.6, 0.2 \rangle$
A_6	$\langle 0.4, 0.4 \rangle$	$\langle 0.7, 0.2 \rangle$	$\langle 0.6, 0.3 \rangle$	$\langle 0.6, 0.3 \rangle$
A_7	$\langle 0.6, 0.1 \rangle$	$\langle 0.3, 0.4 \rangle$	$\langle 0.4, 0.3 \rangle$	$\langle 0.6, 0.1 \rangle$
A_8	$\langle 0.6, 0.3 \rangle$	$\langle 0.3, 0.3 \rangle$	$\langle 0.7, 0.2 \rangle$	$\langle 0.4, 0.3 \rangle$

根据历史数据可以得知，测试供应商分为三类。供应商 A_5 和 A_6 属于 V_1 类，即整体评价最好；A_2，A_4，A_7 和 A_8 属于 V_2 类，即整体评价一般；A_1 和 A_3 属于 V_3 类，即整体评价最差。

步骤二，根据 IFWA 算子可以得出最优方案为 $A^* = (\langle 0.82, 0.04 \rangle, \langle 0.82, 0.06 \rangle, \langle 0.84, 0.06 \rangle, \langle 0.84, 0.06 \rangle)$。

根据模型（P3 - 2），计算出指标的权重分别为 $w_1 = 0.52$，$w_2 = 0.27$，$w_3 = 0.09$，$w_4 = 0.12$。分类半径 $R_1 = 0.62$，$R_2 = 0.45$。

步骤三，计算得出 X_1，X_2，X_3，X_4 与 X^* 的灰色关联度分别为 0.48、0.49、0.65、0.47。

可以看出，供应商 X_3 属于 V_1；X_1，X_2，X_4 属于 V_2；并且可以根据关联度得出方案的排序为 $X_3 > X_2 > X_1 > X_4$。

为了更加明显地看出本方法的优点，将此方法与传统线性加权决策方法进行对比。传统方法是首选得到指标权重，然后进行线性加权得到各个方案的综合属性值。根据熵权法得到权重为 0.28、0.25、0.13、0.34。利用传统的线性加权得到各个方案的综合评价值分别为：$Z(X_1) = \langle 0.55, 0.21 \rangle$，$Z(X_2) = \langle 0.53, 0.28 \rangle$，$Z(X_3) = \langle 0.57, 0.21 \rangle$，$Z(X_4) = \langle 0.41, 0.29 \rangle$；其记分函数分别为 $S(X_1) = 0.34$，$S(X_2) = 0.25$，$S(X_3) = 0.36$，$S(X_4) = 0.12$，可以看出，方案的排序为 $X_3 > X_1 > X_2 > X_4$。

本章提出的方法跟传统的决策方法得出的结果略有不同，导致这种不同的主要原因主要有两点。

（1）本章提出的方法是根据已有知识库里的方案进行评判后再进行数据挖掘，通过数学模型得出最优权重和半径，这样既考虑了客观数据，又结合了专家的主观评判，使得决策结果更加符合现实情况；而传统方法往往是仅仅根据数据的特点确定权重，然后进行信息集结，显然脱离了实际背景，这样得出的结果或许与现实大相径庭。

（2）本章提出的决策方法运用了灰色关联方法，灰色关联是将整个决策问题看作一个整体，而不是将每个方案割裂后进行分析，更加体现了系统的观点。

另外，本方法的另一个特点是，除了可以对方案进行排序，还可以对方案进行分类，分类半径是根据专家评判和决策数据结合给出的；而传统的方法在聚类时，分类半径的确定往往是主观给出的，具有较大的随意性。

3.3　基于前景理论的直觉模糊案例推理决策方法

3.3.1　相关基础知识

1. 记分函数（IFNs）

记分函数（Chen，Tan，1994）是处理直觉模糊信息的一种非常有效的工具。给定一个直觉模糊数 a，其记分函数定义如下：

$$S(a) = u_a - v_a \qquad (3-4)$$

令 a 和 b 为两个 IFNs，如果 $S(a) < S(b)$，那么 a 小于 b。

后来，学界提出了一个新的记分函数（Ye，2007）如下：

设 a 为一个直觉模糊数，则 a 的记分函数可定义为

$$S(a) = u_a - v_a + \lambda \pi_a \qquad (3-5)$$

一个有效的记分函数应该具有良好的判别能力和较高的准确性，并且应该考虑到决策环境，而以上记分函数没有考虑这个问题。因此，本章采用了如下的得分函数。

设 X_1，X_2，$\cdots$，X_m 是一个离散的备选方案集，I_1，I_2，$\cdots$，I_n 是一组有限的指标。假设 $D = (d_{ij})_{m \times n} = \langle u_{ij}, v_{ij} \rangle$ 为直觉模糊决策矩阵。记分函数可数学表达如下：

$$S_{new}(d_{ij}) = u_{ij} - v_{ij} + \frac{\theta_{ij} - 1}{\theta_{ij} + 1}(1 - u_{ij} - v_{ij}) \qquad (3-6)$$

其中，$\theta_{ij} = \dfrac{\dfrac{u_{ij}}{v_{ij}}}{\dfrac{\sum_{i=1}^{m} u_{ij}}{\sum_{i=1}^{m} v_{ij}}}$

事实上，这个记分函数不仅考虑了某个 IFN 的隶属度与非隶属度之比，还考虑了某一标准中所有 IFN 的比例。

2. 前景理论

前景理论（PT）最初由卡尼曼和特维斯基（Kahneman & Tversky, 1979）提出，是个体在风险下实际决策行为的描述性理论。前景理论出现以来，越来越多的学者和研究者对此进行了大量的研究（Liu et al., 2011；Li et al., 2012；Yang & Jiang, 2014；Liu et al., 2014；Wang et al., 2015）。前景理论被认为是行为决策理论中最重要的理论之一，管理系统主要根据前景价值做出决策或评价某事。前景价值由价值函数和概率权重函数共同决定，具体描述如下。

$$W = \sum_{i=1}^{n} h(p_i) c(x_i) \qquad (3-7)$$

其中，W，$h(p_i)$ 和 $c(x_i)$ 分别称为前景值、概率权重函数和价值函数。

概率权函数是 DM 根据概率的主观判断，可表示为

$$h(p) = \frac{p^\gamma}{(p^\gamma + (1-p)^\gamma)^{\frac{1}{\gamma}}} \qquad (3-8)$$

其中，γ 是风险收益态度系数。

价值函数反映了与参考点的偏差，可以用 S 型值函数来描述（见图 3 – 1）。价值函数的形式如下。

$$c(x) = \begin{cases} x^\delta, & x \geq 0 \\ -\sigma(-x)^\beta, & x < 0 \end{cases} \qquad (3-9)$$

其中，δ 和 β 是决定函数凹凸性的系数，$0 < \delta < 1$，$0 < \beta < 1$；σ 是损失厌恶的参数，$\sigma > 1$；x 指与 DM 预先定义的参考点的偏差。根据卡尼曼和特维斯基（Kahneman and Tversky, 1979）的研究，可以确定参数的取值：$\gamma = 0.61$，$\delta = \beta = 0.88$，$\sigma = -2.25$。

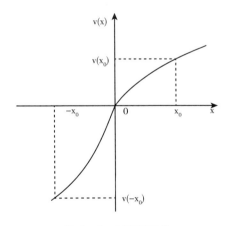

图 3 – 1　S 型值函数

3. 灰色关联分析（GIA）

灰色系统理论是邓聚龙教授在 1982 年首次提出的。该理论主要用于研究信息较差的小样本问题，已被广泛应用于解决不确定性环境下的决策问题，如数据的离散性和信息的不完备性等。GIA 是灰色系统理论的重要组成部分，也是评价离散数据序列之间不同关系的著名方法之一。GIA 的一些定义如下。

设 X 是灰色关联的决策因素集，$x_0 \in X$ 作为参考序列，$x_i \in X$ 为比较序列，$x_0(k)$ 和 $x_i(k)$ 分别为点 k 对 x_0 和 x_i 的数字。如果 $r(x_0(k), x_i(k))$ 并且 $r(x_0, x_i)$ 是实数，满足以下四个灰色公理，那么定义 $r(x_0(k), x_i(k))$ 为点 k 中这些因素的灰色关联系数，灰色关联度 $r(x_0, x_i)$ 的等级为 $r(x_0(k), x_i(k))$ 的平均值（Liu and Lin, 2006）。

（1）规范性。

$0 < r(x_0, x_i) \leqslant 1, \forall k; r(x_0, x_i) = 1, \text{iff } x_0 = x_i; r(x_0, x_i) = 0, \text{iff } x_0, x_i \in \phi$，其中，$\Phi$ 是一个空集。

（2）对偶性。

$x, y \in X \Rightarrow r(x, y) = r(y, x), \text{iff } X = \{x, y\}$。

（3）整体性。

$r(x_i, x_j) \overset{\text{often}}{\neq} r(x_j, x_i), \text{iff } X = \{x_i \mid i = 0, 1, 2, \cdots, n\}, n > 2$。

（4）接近性。

$r(x_0(k), x_i(k))$ 越小 $|x_0(k) - x_i(k)|$ 越大。

灰色关联系数可以表示为：

$r(x_0(k), x_i(k))$

$$= \frac{\min\limits_{i} \min\limits_{k} |x_0(k) - x_i(k)| + \zeta \max\limits_{i} \max\limits_{k} |x_0(k) - x_i(k)|}{|x_0(k) - x_i(k)| + \zeta \max\limits_{i} \max\limits_{k} |x_0(k) - x_i(k)|} \quad (3-10)$$

其中，$|x_0(k) - x_i(k)| = \Delta_i(k)$，$\zeta$ 是区分系数。

4. CBR 的主要思路

假设在多准则决策分析（MCDA）问题中，要根据一组指标 $I = \{I_1, I_2, \cdots, I_n\}$ 评估有限的备选方案 $X = \{X_1, X_2, \cdots, X_m\}$。

MCDA 的主要难点在于获取 DMs 对指标权重或值的偏好信息。案例推理是基于一组测试用例获取优先信息的有效方法，可能包括：（1）DMs过去的决策；（2）对一组有限的虚构但现实的备选方案所做的决策；（3）对备选方案的一个代表性子集所作的决策。这些决策很容易评估并且对 DM 来说非常熟悉。

假设有一组备选方案 $A = \{A_1, A_2, \cdots, A_l\}$，备选方案可以通过过去的成功案例或者 DM 的判断得到。

案例推理方法主要基于这样的思想：通过使用适当的灰色关联系数，将所有备选方案分为 q 类，即 V_1，V_2，$\cdots$，V_q，使得 $V_i = \{A_{i1}$，$A_{i2}, \cdots$，$A_{in_i}\}$，这里 A_{ij} 是类别 V_i 中的替代品。

假设在类别 $V_1 > V_2 > \cdots > V_q$ 之间进行优先排序。若 $i < k$，类别中 V_i 的备选方案比的 V_k 的备选方案具有更高的优先权。使用这些类别 V_1，V_2，$\cdots$，V_q 来估计准则权重 w 和灰色关联系数阈值 R_1，R_2，$\cdots$，R_{q-1}（假设 $R_1 \geqslant R_2 \geqslant \cdots \geqslant R_{q-1} \geqslant 0$），使得 A_{ik_i} 到中心 A^* 的灰色关联系数大于等于 R_i 而小于等于 R_{i-1}。CBR 方法的主要思想如图 3-2 所示。

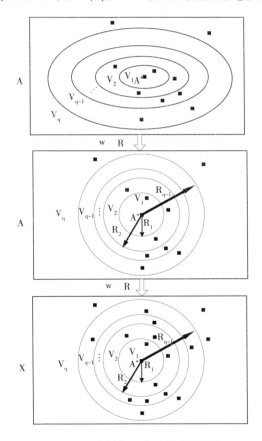

图 3-2　案例推理方法的主要思想

CBR 方法不仅可以生成准则权重和灰色关联系数，也可以利用实例集的 DMs 评估提供大多数情况下的精确信息，而且避免了直接获取偏好信息如指标权重的困难。

3.3.2 基于前景理论的 IFS – CBR 模型

假设要根据一组指标 $I = \{I_1, I_2, \cdots, I_n\}$ 评估有限的备选方案 $X = \{X_1, X_2, \cdots, X_m\}$。由于 DMs 的有限理性和未来的不确定性，DMs 面临多种自然状态 $Z = \{Z_1, \cdots, Z_s, \cdots, Z_k\}$，自然状态 Z_s 的概率为 p_s。在自然状态 Z_s 中，备选方案 X_i 相对于指标 I_j 的特性用 IFN 表示：d_{ij}^s，$i = \{1, 2, \cdots, m\}$，$j = \{1, 2, \cdots, n\}$。DM 给出的不同自然状态下的决策矩阵可以写成：$D_1 = (d_{ij}^1)_{m \times n}$，$D_2 = (d_{ij}^2)_{m \times n}$，$\cdots$，$D_k = (d_{ij}^k)_{m \times n}$。为了方便起见，我们称之为初始决策问题。

DM 给出不同自然状态下的 k 个检验决策矩阵，写成 $T_1 = [t_{ij}^1]_{1 \times n}$，$T_2 = [t_{ij}^2]_{1 \times n}$，$\cdots$，$T_k = [t_{ij}^k]_{1 \times n}$，其中 t_{ij}^s 是在自然状态 Z_s 下相对于指标 I_j 的备选方案 A_i 的 IFN 值，$i = \{1, 2, \cdots, l\}$，$j = \{1, 2, \cdots, n\}$。本书称之为测试决策问题。

假设 DM 根据 k 个决策矩阵 $T_1 = [t_{ij}^1]_{1 \times n}$，$T_2 = [t_{ij}^2]_{1 \times n}$，$\cdots$，$T_k = [t_{ij}^k]_{1 \times n}$ 将备选方案 $A = \{A_1, A_2, \cdots, A_1\}$ 分为 q 类 V_1，V_2，$\cdots$，V_q，其中 $V_i = \{A_{i_1}, A_{i_2}, \cdots, A_{i_{k_i}}\}$。假设任何 $A_{i_s} \in V_i$，$A_{i-1_k} \in V_{i-1}$，可以得到 $A_{i-1_k} > A_{i_s}$。

由于 IFS 算法规则中没有减法，因此前景理论不能直接用于 IFS。因此，将测试 IFN 决策矩阵 $T_1 = [t_{ij}^1]_{1 \times n}$，$T_2 = [t_{ij}^2]_{1 \times n}$，$\cdots$，$T_k = [t_{ij}^k]_{1 \times n}$ 转化为得分决策矩阵 $S_1 = [s_{ij}^1]_{1 \times n}$，$S_2 = [s_{ij}^2]_{1 \times n}$，$\cdots$，$S_k = [s_{ij}^k]_{1 \times n}$。

由于有限理性的存在，DM 在将备选方案投机到相应类别时使用了 PT。根据式（3 – 7），将记分决策矩阵 $S_1 = [s_{ij}^1]_{1 \times n}$，$S_2 = [s_{ij}^2]_{1 \times n}$，$\cdots$，$S_k = [s_{ij}^k]_{1 \times n}$ 转化为前景价值决策矩阵 $W = [W_{ij}]_{1 \times n}$。这里根据 IFNs 的

性质假设所有参考点均等于零，因此，可以获得：

$$W_{ij} = \sum_{s=1}^{k} h(p_s) c(s_{ij}^s),\qquad (3-11)$$

其中，$h(p_s) = \dfrac{p_s{}^{\gamma}}{(p_s{}^{\gamma} + (1-p_s)^{\gamma})^{\frac{1}{\gamma}}}$，$c(s_{ij}^s) = \begin{cases} s_{ij}^{s\,\delta}, & s_{ij}^s \geqslant 0 \\ -\sigma\,(-s_{ij}^s)^{\beta}, & s_{ij}^s < 0 \end{cases}$

假设 A^* 是 V_1 中最好的选择，A^* 被认为是虚构的替代在 A 的中心，有两种方式可以得到 A^*。第一种方式是 DM 可以根据自己（她）的经验提出最佳的替代方案，二是利用 IFWA 算子对 V_1 中所有备选方案取平均值。

设 $A^* = [W_{*1},\ W_{*2},\ \cdots,\ W_{*n}]$，对任何可选方案 $A_k = [W_{k1},\ W_{k2},\ \cdots,\ W_{kn}]$，通过式（3－10）可以得到 A^* 和 A_k 之间的灰色关联度如下：

$$r(A^*, A_k) = \sum_{j=1}^{n} w_j r(W_{*j}, W_{kj}) \qquad (3-12)$$

其中，w_j 表示 DMs 对准则 j 的相对重要性。

$A_{ii_s} \in V_i$ 到中心 A^* 的灰色关联系数大于等于 R_i，小于 R_{i-1}。因此，假设 $R_0 = 1$，$R_q = 0$，可以得到：

$$\sum_{j=1}^{n} w_j r(W_{*j}, W_{ii_sj}) + \alpha_{ii_s} > R_i$$

这里 $0 \leqslant \alpha_{ii_s} \leqslant 1$ 为 DMs 对 $A_{ii_s} \in V_i$ 的不一致判断的误差调整参数。

同样，可以得到 $\sum\limits_{j=1}^{n} w_j r(W_{*j}, W_{ii_sj}) - \beta_{ii_s} > R_i$。$0 \leqslant \beta_{ii_s} \leqslant 1$ 是 DMs 对 $A_{ii_s} \in V_i$ 的不一致判断的错误调整参数。

利用下面的优化模型（P3－3）可以得到最具有描述意义的权重集和合适的灰关联系数阈值 R_1，R_2，$\cdots$，R_{q-1}。假设 $R = (R_0,\ R_1,\ \cdots,\ R_q)$，其中 $R_0 = 1$，$R_q = 0$。

$$\min\ ERR = \sum_{i=1}^{q} \sum_{i_s=1}^{k_i} \alpha_{ii_s}^2 + \beta_{ii_s}^2 \qquad (P3-3)$$

s. t. $\quad \sum\limits_{j=1}^{n} w_j r(W_{*j}, W_{ii_s j}) + \alpha_{ii_s} > R_i;$

$\quad\quad\quad \sum\limits_{j=1}^{n} w_j r(W_{*j}, W_{ii_s j}) - \beta_{ii_s} > R_i;$

$\quad\quad\quad w_k \geqslant 0, \sum\limits_{k=1}^{n} w_k = 1, R_1 \geqslant R_2 \geqslant \cdots \geqslant R_{q-1} \geqslant 0;$

$\quad\quad\quad 0 \leqslant \alpha_{ii_s}, \beta_{ii_s} \leqslant 1, i = 1, 2, \cdots, q, i_s = 1, 2, \cdots, k_i。$

下面来证明规划模型（P3-3）至少有一个最优解 w^* 和 R^*。

证明

模型（P3-3）中的约束构成一个凸集，目标函数 $ERR = \sum\limits_{i=1}^{q} \sum\limits_{i_s=1}^{k_i} \alpha_{ii_s}^2 + \beta_{ii_s}^2$ 是这个集合上的二次函数。由于所有变量都是连续且有界的，因此模型（P3-3）至少达到一次最大值。

通过以上分析，可以得到权重集 w 和合适的灰关联系数阈值 R_1，R_2，$\cdots$，R_{q-1}。接下来将讨论原决策问题的求解方法。事实上，上面的分析假设决策单元是有界理性的，是利用 PT 进行基于案例的推理。PT 是一个非常有用的工具来解释为什么 DM 是有限理性的，但 PT 可能不是指导人们做出合理决策的完美方法。例如，PT 可以解释为什么大多数人想买彩票，使用 PT，可以得出购买彩票的前景价值大于支付货币购买彩票的前景价值的结论，即原因是人们高估了中奖概率。而事实上，彩票不值得购买。在此，我们使用传统的效用函数来聚合所有自然状态下的决策信息，并使用 IFWA 算子来获得备选方案的整体值。

如前所述，我们首先利用有效性理论将决策矩阵 $D_1 = (d_{ij}^1)_{m \times n}$，$D_2 = (d_{ij}^2)_{m \times n}$，$\cdots$，$D_k = (d_{ij}^k)_{m \times n}$ 聚合为期望矩阵 $D = (d_{ij})_{m \times n}$ 如下：

$$d_{ij} = \sum\limits_{s=1}^{k} p_s d_{ij}^s \qquad (3-13)$$

其中，d_{ij} 是一个 IFN。

根据模型（P3-1）得到的最优权重 $w^* = (w_1^*, w_2^*, \cdots, w_n^*)$，计

算备选方案 $X = \{X_1, X_2, \cdots, X_m\}$ 的总体效用值如下：

$$Y(X_i) = \sum_{j=1}^{n} w_j^* d_{ij} \qquad (3-14)$$

基于以上分析，现将决策过程和算法总结如下。

（1）DM 用 IFNs 在 k 种不同的自然状态下建立决策矩阵：$D_1 = (d_{ij}^1)_{m \times n}$，$D_2 = (d_{ij}^2)_{m \times n}$，$\cdots$，$D_k = (d_{ij}^k)_{m \times n}$，以及自然状态的概率 Z_s：$p(Z_s)$，$s = 1$，2，$\cdots$，k。

（2）确定备选方案 $A = \{A_1, A_2, \cdots, A_1\}$ 在不同自然状态下的 k 个测试决策矩阵：$T_1 = [t_{ij}^1]_{1 \times n}$，$T_2 = [t_{ij}^2]_{1 \times n}$，$\cdots$，$T_k = [t_{ij}^k]_{1 \times n}$，并要求 DM 将备选方案指定为相应的类型：$V_1$，$V_2$，$\cdots$，$V_q$。

（3）找到最优选择 A^*。

（4）将 IF 决策矩阵 $T_1 = [t_{ij}^1]_{1 \times n}$，$T_2 = [t_{ij}^2]_{1 \times n}$，$\cdots$，$T_k = [t_{ij}^k]_{1 \times n}$ 转换为记分决策矩阵 $S_1 = [s_{ij}^1]_{1 \times n}$，$S_2 = [s_{ij}^2]_{1 \times n}$，$\cdots$，$S_k = [s_{ij}^k]_{1 \times n}C$。

（5）利用式（3-6）将所有得分决策矩阵 $S_1 = [s_{ij}^1]_{1 \times n}$，$S_2 = [s_{ij}^2]_{1 \times n}$，$\cdots$，$S_k = [s_{ij}^k]_{1 \times n}$ 整合到前景值矩阵 $W = [W_{ij}]_{1 \times n}$ 中。

（6）应用优化模型（P3-3）得到 w^*。

（7）根据式（3-13）将原决策问题中的所有 IFN 决策矩阵：$D_1 = (d_{ij}^1)_{m \times n}$，$D_2 = (d_{ij}^2)_{m \times n}$，$\cdots$，$D_k = (d_{ij}^k)_{m \times n}$，根据式（3-7）转化为期望矩阵 $D = (d_{ij})_{m \times n}$。

（8）根据式（3-14）和最优权重 $w^* = (w_1^*, w_2^*, \cdots, w_n^*)$ 计算备选方案 $Y = (Y(X_1), Y(X_2), \cdots, Y(X_m))$ 的所有值。

（9）对可选方案 $X = \{X_1, X_2, \cdots, X_m\}$ 排序。

3.3.3　案例研究

某家风险投资公司想投资一个研发项目，需对 4 个潜在的研发（R & D）项目 X_1，X_2，X_3，X_4 进行进一步评价。公司邀请一位专家根据组织能力（I_1）、信用质量（I_2）、研究能力（I_3）和盈利能力

（I_4）四个因素对这四个项目进行评估，可能的经济环境有三种：快速发展（Z_1）、低速发展（Z_2）和经济衰退（Z_3）。

专家估计了上述三种情况的概率：$p(Z_1) = 0.6$，$p(Z_2) = 0.3$，$p(Z_3) = 0.1$。

1. 基于该方法的决策步骤

（1）DM 用 IFNs 在三种不同的自然状态下建立了决策矩阵，见表 3 – 1、表 3 – 2、表 3 – 3。

表 3 – 1　　自然状态下的决策矩阵（Z_1）——快速发展（$p(Z_1) = 0.6$）

方案	指标			
	I_1	I_2	I_3	I_4
X_1	⟨0.3, 0.5⟩	⟨0.6, 0.3⟩	⟨0.5, 0.4⟩	⟨0.7, 0.1⟩
X_2	⟨0.5, 0.4⟩	⟨0.4, 0.4⟩	⟨0.6, 0.2⟩	⟨0.6, 0.3⟩
X_3	⟨0.8, 0.1⟩	⟨0.2, 0.4⟩	⟨0.5, 0.3⟩	⟨0.6, 0.2⟩
X_4	⟨0.6, 0.3⟩	⟨0.5, 0.4⟩	⟨0.5, 0.4⟩	⟨0.4, 0.5⟩

表 3 – 2　　自然状态下的决策矩阵（Z_2）——低速发展（$p(Z_2) = 0.3$）

方案	指标			
	I_1	I_2	I_3	I_4
X_1	⟨0.5, 0.3⟩	⟨0.4, 0.5⟩	⟨0.6, 0.2⟩	⟨0.6, 0.1⟩
X_2	⟨0.5, 0.4⟩	⟨0.6, 0.3⟩	⟨0.5, 0.2⟩	⟨0.5, 0.3⟩
X_3	⟨0.7, 0.1⟩	⟨0.3, 0.4⟩	⟨0.5, 0.3⟩	⟨0.4, 0.2⟩
X_4	⟨0.5, 0.3⟩	⟨0.4, 0.3⟩	⟨0.6, 0.2⟩	⟨0.6, 0.3⟩

表 3 – 3　　自然状态下的决策矩阵（Z_3）——经济衰退（$p(Z_3) = 0.1$）

方案	指标			
	I_1	I_2	I_3	I_4
X_1	⟨0.7, 0.1⟩	⟨0.4, 0.5⟩	⟨0.5, 0.2⟩	⟨0.6, 0.2⟩
X_2	⟨0.4, 0.4⟩	⟨0.7, 0.2⟩	⟨0.5, 0.3⟩	⟨0.6, 0.3⟩
X_3	⟨0.6, 0.1⟩	⟨0.5, 0.4⟩	⟨0.5, 0.3⟩	⟨0.6, 0.1⟩
X_4	⟨0.6, 0.3⟩	⟨0.3, 0.3⟩	⟨0.7, 0.2⟩	⟨0.4, 0.3⟩

（2）确定 8 个备选方案在不同自然状态下的 k 个测试决策矩阵（见表 3 - 4 ~ 表 3 - 6）。

表 3 - 4　测试决策矩阵（Z_1）——在自然状态下快速发展（$p(Z_1) = 0.6$）

方案	指标			
	I_1	I_2	I_3	I_4
A_1	$\langle 0.6, 0.3 \rangle$	$\langle 0.4, 0.2 \rangle$	$\langle 0.6, 0.2 \rangle$	$\langle 0.6, 0.1 \rangle$
A_2	$\langle 0.3, 0.4 \rangle$	$\langle 0.6, 0.3 \rangle$	$\langle 0.7, 0.2 \rangle$	$\langle 0.6, 0.3 \rangle$
A_3	$\langle 0.7, 0.1 \rangle$	$\langle 0.3, 0.4 \rangle$	$\langle 0.2, 0.3 \rangle$	$\langle 0.4, 0.2 \rangle$
A_4	$\langle 0.7, 0.3 \rangle$	$\langle 0.4, 0.3 \rangle$	$\langle 0.6, 0.2 \rangle$	$\langle 0.6, 0.3 \rangle$
A_5	$\langle 0.7, 0.1 \rangle$	$\langle 0.4, 0.3 \rangle$	$\langle 0.6, 0.2 \rangle$	$\langle 0.6, 0.2 \rangle$
A_6	$\langle 0.4, 0.4 \rangle$	$\langle 0.7, 0.2 \rangle$	$\langle 0.6, 0.3 \rangle$	$\langle 0.6, 0.3 \rangle$
A_7	$\langle 0.6, 0.1 \rangle$	$\langle 0.3, 0.4 \rangle$	$\langle 0.4, 0.3 \rangle$	$\langle 0.6, 0.1 \rangle$
A_8	$\langle 0.6, 0.3 \rangle$	$\langle 0.3, 0.3 \rangle$	$\langle 0.7, 0.2 \rangle$	$\langle 0.4, 0.3 \rangle$

表 3 - 5　自然状态下测试决策矩阵（Z_2）——低速发展（$p(Z_2) = 0.3$）

方案	指标			
	I_1	I_2	I_3	I_4
A_1	$\langle 0.4, 0.3 \rangle$	$\langle 0.5, 0.2 \rangle$	$\langle 0.5, 0.3 \rangle$	$\langle 0.6, 0.2 \rangle$
A_2	$\langle 0.5, 0.4 \rangle$	$\langle 0.4, 0.3 \rangle$	$\langle 0.4, 0.3 \rangle$	$\langle 0.5, 0.3 \rangle$
A_3	$\langle 0.6, 0.1 \rangle$	$\langle 0.5, 0.4 \rangle$	$\langle 0.6, 0.3 \rangle$	$\langle 0.6, 0.1 \rangle$
A_4	$\langle 0.5, 0.3 \rangle$	$\langle 0.4, 0.3 \rangle$	$\langle 0.5, 0.1 \rangle$	$\langle 0.6, 0.3 \rangle$
A_5	$\langle 0.6, 0.2 \rangle$	$\langle 0.5, 0.3 \rangle$	$\langle 0.7, 0.2 \rangle$	$\langle 0.6, 0.2 \rangle$
A_6	$\langle 0.6, 0.3 \rangle$	$\langle 0.7, 0.2 \rangle$	$\langle 0.4, 0.3 \rangle$	$\langle 0.5, 0.3 \rangle$
A_7	$\langle 0.6, 0.2 \rangle$	$\langle 0.5, 0.4 \rangle$	$\langle 0.4, 0.3 \rangle$	$\langle 0.6, 0.3 \rangle$
A_8	$\langle 0.5, 0.3 \rangle$	$\langle 0.7, 0.3 \rangle$	$\langle 0.7, 0.2 \rangle$	$\langle 0.6, 0.3 \rangle$

表 3 - 6　自然状态下经济挫折的试验决策矩阵（Z_3）（$p(Z_3) = 0.1$）

方案	指标			
	I_1	I_2	I_3	I_4
A_1	$\langle 0.5, 0.2 \rangle$	$\langle 0.6, 0.3 \rangle$	$\langle 0.6, 0.2 \rangle$	$\langle 0.5, 0.1 \rangle$
A_2	$\langle 0.5, 0.1 \rangle$	$\langle 0.7, 0.1 \rangle$	$\langle 0.7, 0.2 \rangle$	$\langle 0.5, 0.4 \rangle$
A_3	$\langle 0.7, 0.2 \rangle$	$\langle 0.5, 0.3 \rangle$	$\langle 0.6, 0.3 \rangle$	$\langle 0.4, 0.2 \rangle$

方案	指标			
	I_1	I_2	I_3	I_4
A_4	⟨0.7, 0.1⟩	⟨0.5, 0.3⟩	⟨0.6, 0.1⟩	⟨0.6, 0.3⟩
A_5	⟨0.7, 0.2⟩	⟨0.4, 0.3⟩	⟨0.6, 0.3⟩	⟨0.5, 0.2⟩
A_6	⟨0.5, 0.1⟩	⟨0.6, 0.2⟩	⟨0.6, 0.3⟩	⟨0.6, 0.1⟩
A_7	⟨0.6, 0.2⟩	⟨0.5, 0.4⟩	⟨0.5, 0.3⟩	⟨0.6, 0.2⟩
A_8	⟨0.6, 0.2⟩	⟨0.5, 0.3⟩	⟨0.7, 0.1⟩	⟨0.5, 0.3⟩

然后，要求 DM 将备选方案细化为相应的三类：$V_1 = \{A_4, A_5\}$，$V_2 = \{A_1, A_3, A_7, A_8\}$，$V_3 = \{A_2, A_6\}$。

（3）找到最佳的替代方案 $A^* = A_5$。

（4）将 IF 决策矩阵转换为得分矩阵。

$$S_1 = \begin{bmatrix} 0.29 & 0.27 & 0.43 & 0.63 \\ -0.25 & 0.32 & 0.52 & 0.29 \\ 0.7 & -0.19 & -0.37 & 0.16 \\ 0.4 & 0.09 & 0.43 & 0.29 \\ 0.7 & 0.09 & 0.43 & 0.42 \\ -0.08 & 0.54 & 0.29 & 0.29 \\ 0.63 & -0.19 & 0.02 & 0.63 \\ 0.29 & -0.07 & 0.52 & 0.01 \end{bmatrix}$$

$$S_2 = \begin{bmatrix} 0.04 & 0.35 & 0.18 & 0.43 \\ 0.08 & 0.06 & 0.03 & 0.17 \\ 0.65 & 0.08 & 0.3 & 0.63 \\ 0.18 & 0.06 & 0.56 & 0.29 \\ 0.44 & 0.2 & 0.52 & 0.43 \\ 0.3 & 0.53 & 0.0 & 0.17 \\ 0.44 & 0.08 & 0.03 & 0.29 \\ 018 & 0.4 & 0.53 & 0.29 \end{bmatrix}$$

$$S_3 = \begin{bmatrix} 0.24 & 0.3 & 0.41 & 0.55 \\ 0.46 & 0.71 & 0.51 & 0.07 \\ 0.5 & 0.18 & 0.29 & 0.17 \\ 0.66 & 0.18 & 0.61 & 0.29 \\ 0.5 & 0.04 & 0.29 & 0.31 \\ 0.46 & 0.44 & 0.29 & 0.63 \\ 0.38 & 0.08 & 0.15 & 0.43 \\ 0.38 & 0.18 & 0.69 & 0.17 \end{bmatrix}$$

（5）将所有的评分决策矩阵集成到前景价值矩阵。

$$W = \begin{bmatrix} 0.23 & 0.34 & 0.38 & 0.58 \\ -0.19 & 0.34 & 0.39 & 0.24 \\ 0.67 & -0.17 & -0.27 & 0.35 \\ 0.41 & 0.13 & 0.54 & 0.33 \\ 0.6 & 0.14 & 0.47 & 0.44 \\ 0.09 & 0.55 & 0.24 & 0.35 \\ 0.55 & -0.19 & 0.07 & 0.51 \\ 0.31 & 0.08 & 0.58 & 0.16 \end{bmatrix}$$

（6）应用优化模型（P3-3），得到 $w^* = (0.4, 0.37, 0.12, 0.11)$。

（7）将原决策问题中的所有 IFN 决策矩阵集成到期望矩阵，见表 3-7。

表 3-7　　　　　　　　　原始决策问题的期望矩阵

		指标			
		I_1	I_2	I_3	I_4
方案	X_1	$\langle 0.42, 0.37 \rangle$	$\langle 0.53, 0.37 \rangle$	$\langle 0.53, 0.3 \rangle$	$\langle 0.66, 0.11 \rangle$
	X_2	$\langle 0.49, 0.4 \rangle$	$\langle 0.5, 0.34 \rangle$	$\langle 0.56, 0.21 \rangle$	$\langle 0.57, 0.3 \rangle$
	X_3	$\langle 0.76, 0.1 \rangle$	$\langle 0.27, 0.4 \rangle$	$\langle 0.5, 0.3 \rangle$	$\langle 0.55, 0.19 \rangle$
	X_4	$\langle 0.57, 0.3 \rangle$	$\langle 0.45, 0.36 \rangle$	$\langle 0.56, 0.3 \rangle$	$\langle 0.47, 0.41 \rangle$

（8）计算备选方案的总体价值：$Y(X_1) = \langle 0.39, 0.31 \rangle$，$Y(X_2) = \langle 0.41, 0.34 \rangle$，$Y(X_3) = \langle 0.49, 0.2 \rangle$，$Y(X_4) = \langle 0.43, 0.33 \rangle$。根据评分函数，$S(X_1) = 0.06$，$S(X_2) = 0.05$，$S(X_3) = 0.37$，$S(X_4) = 0.09$，见式（3-6），可以得到 $X_3 > X_4 > X_1 > X_2$。

为了说明本文方法的优越性，基于前景理论，将本文方法与其他直觉模糊随机多准则决策方法进行了比较分析，结果如下。

（1）将 IF 决策矩阵合成得分决策矩阵。

$$S_1' = \begin{bmatrix} -0.295 & 0.328 & 0.087 & 0.708 \\ 0.085 & -0.013 & 0.460 & 0.298 \\ 0.765 & -0.355 & 0.199 & 0.436 \\ 0.308 & 0.105 & 0.087 & -0.145 \end{bmatrix}$$

$$S_2' = \begin{bmatrix} 0.178 & -0.117 & 0.420 & 0.632 \\ 0.077 & 0.328 & 0.303 & 0.167 \\ 0.711 & -0.161 & 0.162 & 0.169 \\ 0.178 & 0.124 & 0.290 & 0.292 \end{bmatrix}$$

$$S_3' = \begin{bmatrix} 0.693 & -0.126 & 0.319 & 0.420 \\ -0.088 & 0.544 & 0.172 & 0.290 \\ 0.621 & 0.096 & 0.172 & 0.626 \\ 0.288 & -0.061 & 0.523 & 0.012 \end{bmatrix}$$

（2）利用式（3-11）将所有评分决策矩阵集成到前景值矩阵中。

$$W' = \begin{bmatrix} -0.160 & 0.001 & 0.272 & 0.650 \\ 0.038 & 0.206 & 0.390 & 0.292 \\ 0.733 & -0.549 & 0.218 & 0.418 \\ 0.300 & 0.080 & 0.268 & -0.083 \end{bmatrix}$$

（3）根据前景值矩阵 W'，计算均值向量 $\bar{I} = (0.19, 0.232, 0.08, 0.1)^T$。基于模型（P3-3），可得到最优权重 $W^{*'} = (0.236, 0.24, 0.268, 0.256)$。

（4）根据最优权重计算备选方案的总体值 W^{*}：$Y'(X_1)=0.202$，$Y'(X_2)=0.238$，$Y'(X_3)=0.207$，$Y(X_4)=0.141$。

（5）得到方案排序：$X_2 > X_3 > X_1 > X_4$。

2. 与其他方法的比较

接下来，我们将其他方法（Li et al., 2012）与本文提出的方法进行比较。

（1）获取指标权重的方法不同。前者主要采用 GRA 方法，没有考虑专家的偏好和经验。而后者则利用 CBR 方法，不仅考虑决策数据，而且考虑专家的偏好和经验。

（2）决策机制明显不同。前者利用 PT 作为决策机制，引导 DMs 做出决策。如前所述，PT 是一个很好的理论用来解释为什么 DM 通常会做出一些难以理解的决策，而指导 DM 做出科学决策时，PT 则不是一个很好的理论。后者利用测试决策问题中的 PT 反映 DMs 的有限理性来获得准则权重，然后利用期望理论对决策信息进行聚合。

3.3.4　本章主要贡献

本章讨论了一种基于前景理论和基于案例推理的随机直觉模糊决策方法，主要贡献概括如下。

（1）引入了一个新的考虑决策环境的 IFN 评分函数，利用该函数可以将 IFN 转化为实数，解决了 PT 不能应用于 IFN 的问题。

（2）构造了一个数学规划模型，根据基于 PT 的 CBR 思想对测试矩阵计算准则的权重。事实上，当人们面对不确定性时，通常是有限理性的，倾向于使用 PT 来做出决策。而且该方法可以模仿决策过程，发现 DMs 的偏好。

（3）使用期望效用理论和 IFWA 算子来计算所有备选方案的总体价值，而不是 PT，因为决策方法主要是指导人们进行理性决策。

3.4　本章小结

　　本章主要介绍了直觉模糊信息案例推理方法与应用，涉及三种方法：基于相似度的案例推理方法、基于灰色关联的案例推理方法和基于前景理论的案例推理方法。

第 4 章

毕达哥拉斯模糊信息案例推理决策方法及应用

4.1 毕达哥拉斯模糊集的新记分函数

关于两个毕达哥拉斯模糊数大小的比较，涉及的方法为毕达哥拉斯模糊数的记分函数（Zhang X L and Xu Z S，2014），考虑到记分函数相等的情况，彭定洪和杨扬提出了毕达哥拉斯模糊数的精确函数（Peng and Yang，2015a）。在上述记分函数及精确函数的基础上，学者们重新给出了毕达哥拉斯模糊数的比较方法（Ma and Xu，2016）。

定义 4 -1（Zhang and Xu，2014；Peng and Yang，2015a）

设 $\beta = P(u_\beta，v_\beta)$ 为一个毕达哥拉斯模糊数，其记分函数为式（4 -1），精确函数为式（4 -2）：

$$S_{Zhang}(\beta) = u_\beta^2 - v_\beta^2 \qquad (4 - 1)$$

$$H_{Peng}(\beta) = u_\beta^2 + v_\beta^2 \qquad (4 - 2)$$

定义 4 -2（Ma and Xu，2016）

毕达哥拉斯模糊数 $\beta = P(u_\beta，v_\beta)$ 的记分函数和精确函数为：

$$S_{Ma}(\beta) = \begin{cases} \sqrt{u_\beta^2 - v_\beta^2} \ , \ u_\beta \geqslant v_\beta \\ -\sqrt{v_\beta^2 - u_\beta^2} \ , \ v_\beta \geqslant u_\beta \end{cases} \quad (4-3)$$

$$H_{Ma}(\beta) = \sqrt{u_\beta^2 + v_\beta^2} \quad (4-4)$$

设 $\beta_1 = P(u_{\beta1}, v_{\beta1})$，$\beta_2 = P(u_{\beta2}, v_{\beta2})$ 为两个毕达哥拉斯模糊数，则：

（1）如果 $S(\beta_1) > S(\beta_2)$，则 $\beta_1 > \beta_2$；

（2）如果 $S(\beta_1) < S(\beta_2)$，则 $\tilde{\alpha}_1 < \tilde{\alpha}_2$；

（3）如果 $S(\beta_1) = S(\beta_2)$，则当 $H(\beta_1) > H(\beta_2)$ 时 $\beta_1 > \beta_2$，当 $H(\beta_1) < H(\beta_2)$ 时 $\beta_1 < \beta_2$。

一个合理的毕达哥拉斯模糊数的记分函数应该同时考虑毕达哥拉斯模糊数的隶属度、非隶属度、犹豫度三个维度。当 $u_\beta(x) > v_\beta(x)$ 时，决策者对其犹豫部分一旦做出明确表决，更容易倾向于支持，对记分函数有积极影响，使记分函数 S 增大；当 $u_\beta(x) < v_\beta(x)$ 时，决策者会更容易倾向于反对状态，对记分函数有消极影响，使记分函数 S 减小。调节犹豫度在记分函数中起积极或消极影响的系数应关于原点对称，为当 $u_\beta(x) > v_\beta(x)$ 时大于 0、当 $u_\alpha(x) < v_\alpha(x)$ 时小于 0 的参数。根据上述思想，提出一种新的记分函数，见定义 4-3。本章提出的毕达哥拉斯模糊记分函数的性质见定理 4-1 至定理 4-3 以及推论 4-1。

定义 4-3

设 $\beta = P(u_\beta, v_\beta)$ 为一个毕达哥拉斯模糊数，$u_\beta \in [0,1]$，$v_\beta \in [0,1]$，$u_\beta^2 + v_\beta^2 \leqslant 1$，$\pi_\beta = \sqrt{1 - u_\beta^2 - v_\beta^2}$，其记分函数为：

$$S_{New}(\beta) = u_\beta^2 - v_\beta^2 + \left(\frac{e^{u_\beta^2 - v_\beta^2}}{e^{u_\beta^2 - v_\beta^2} + 1} - \frac{1}{2} \right) \pi_\beta^2 \quad (4-5)$$

定理 4-1

设 $S_{New}(\beta)$ 是毕达哥拉斯模糊数 $\beta = P(u_\beta, v_\beta)$ 的新记分函数，

则 $-1 \leqslant S_{New}(\beta) \leqslant 1$。

证明

由 $\dfrac{e^{u_\beta^2 - v_\beta^2}}{e^{u_\beta^2 - v_\beta^2} + 1}$ 符合 $f(x) = \dfrac{e^x}{e^x + 1}$，$x \in (-\infty, +\infty)$ 的约束条件，

即 $0 \leqslant f(x) \leqslant 1$，即 $0 \leqslant \dfrac{e^{u_\beta^2 - v_\beta^2}}{e^{u_\beta^2 - v_\beta^2} + 1} \leqslant 1$，

则 $-\dfrac{1}{2} \leqslant \dfrac{e^{u_\beta^2 - v_\beta^2}}{e^{u_\beta^2 - v_\beta^2} + 1} - \dfrac{1}{2} \leqslant \dfrac{1}{2}$，

从而 $u_\beta^2 - v_\beta^2 - \dfrac{\pi_\beta^2}{2} \leqslant u_\beta^2 - v_\beta^2 + \left(\dfrac{e^{u_\beta^2 - v_\beta^2}}{e^{u_\beta^2 - v_\beta^2} + 1} - \dfrac{1}{2} \right) \pi_\beta^2 \leqslant u_\beta^2 - v_\beta^2 + \dfrac{\pi_\beta^2}{2}$，

即 $-u_\beta^2 - v_\beta^2 - \pi_\beta^2 \leqslant u_\beta^2 - v_\beta^2 - \dfrac{\pi_\beta^2}{2} \leqslant u_\beta^2 - v_\beta^2 + \left(\dfrac{e^{u_\beta^2 - v_\beta^2}}{e^{u_\beta^2 - v_\beta^2} + 1} - \dfrac{1}{2} \right) \pi_\beta^2$，

$\leqslant u_\beta^2 - v_\beta^2 + \dfrac{\pi_\beta^2}{2} \leqslant u_\beta^2 + v_\beta^2 + \pi_\beta^2$

因此，

$-1 = -u_\beta^2 - v_\beta^2 - \pi_\beta^2 \leqslant u_\beta^2 - v_\beta^2 - \dfrac{\pi_\beta^2}{2} \leqslant u_\beta^2 - v_\beta^2 + \left(\dfrac{e^{u_\beta^2 - v_\beta^2}}{e^{u_\beta^2 - v_\beta^2} + 1} - \dfrac{1}{2} \right) \pi_\beta^2$

$\leqslant u_\beta^2 - v_\beta^2 + \dfrac{\pi_\beta^2}{2} \leqslant u_\beta^2 + v_\beta^2 + \pi_\beta^2 = 1$，

所以 $-1 \leqslant S_{New}(\beta) \leqslant 1$。

定理 4 - 2

设 $\beta^C = P(v_\beta, u_\beta)$ 为毕达哥拉斯模糊数 $\beta = P(u_\beta, v_\beta)$ 的逆，则 $S_{New}(\beta) = -S_{New}(\beta^C)$。

证明

由 $\dfrac{e^{u_\beta^2 - v_\beta^2}}{e^{u_\beta^2 - v_\beta^2} + 1}$ 符合 $f(x) = \dfrac{e^x}{e^x + 1}$，$x \in (-\infty, +\infty)$ 的约束条件，

即 $f(0) = 0.5$，$f(x) + f(-x) = 1$，

即 $h(x) = \dfrac{e^x}{e^x + 1} - \dfrac{1}{2}$ 关于原点对称，$h(x) = -h(-x)$，

即 $\dfrac{e^x}{e^x+1}-\dfrac{1}{2}=-\left(\dfrac{e^{-x}}{e^{-x}+1}-\dfrac{1}{2}\right)=\dfrac{1}{2}-\dfrac{e^{-x}}{e^{-x}+1}$,

即 $\dfrac{e^{v_\beta^2-u_\beta^2}}{e^{v_\beta^2-u_\beta^2}+1}-\dfrac{1}{2}=\dfrac{1}{2}-\dfrac{e^{u_\beta^2-v_\beta^2}}{e^{u_\beta^2-v_\beta^2}+1}$,

从而 $\left(\dfrac{e^{v_\beta^2-u_\beta^2}}{e^{v_\beta^2-u_\beta^2}+1}-\dfrac{1}{2}\right)\pi_\beta^2=\left(\dfrac{1}{2}-\dfrac{e^{u_\beta^2-v_\beta^2}}{e^{u_\beta^2-v_\beta^2}+1}\right)\pi_\beta^2$,

$$
\begin{aligned}
S_{New}(\beta^C) &= v_\beta^2-u_\beta^2+\left(\dfrac{e^{v_\beta^2-u_\beta^2}}{e^{v_\beta^2-u_\beta^2}+1}-\dfrac{1}{2}\right)\pi_\beta^2 \\
&= v_\beta^2-u_\beta^2+\left(\dfrac{1}{2}-\dfrac{e^{u_\beta^2-v_\beta^2}}{e^{u_\beta^2-v_\beta^2}+1}\right)\pi_\beta^2 \\
&= -(u_\beta^2-v_\beta^2)-\left(\dfrac{e^{u_\beta^2-v_\beta^2}}{e^{u_\beta^2-v_\beta^2}+1}-\dfrac{1}{2}\right)\pi_\beta^2,
\end{aligned}
$$

因此，$-S_{New}(\beta^C)=u_\beta^2-v_\beta^2+\left(\dfrac{e^{u_\beta^2-v_\beta^2}}{e^{u_\beta^2-v_\beta^2}+1}-\dfrac{1}{2}\right)\pi_\beta^2=S_{New}(\beta)$,

所以 $S_{New}(\beta)=-S_{New}(\beta^C)$。

定理 4 - 3

毕达哥拉斯模糊数 $\beta=P(u_\beta,v_\beta)$ 的新记分函数 $S_{New}(\beta)$ 关于隶属度 $u_\beta\in[0,1]$ 严格单调递增，关于非隶属度 $v_\beta\in[0,1]$ 严格单调递减。

证明

对于 $u_\beta\in[0,1]$ 和 $v_\beta\in[0,1]$，显然 $\dfrac{\partial(S_{New}(\beta))}{\partial(\mu_\beta)}>0$，$\dfrac{\partial(S_{New}(\beta))}{\partial(v_\beta)}<0$，定理得证。

推论 4 - 1

$S_{New}(\beta)=1\Leftrightarrow\beta=P(1,0)$; $S_{New}(\beta)=-1\Leftrightarrow\beta=P(0,1)$。

证明

充分性：

由于 $S_{New}(\beta)$ 关于 u_β 单调递增，关于 v_β 单调递减，且 $-1\leqslant$

$S_{New}(\beta) \leqslant 1$；

当 $S_{New}(\beta) = 1$ 时为最大值，即 u_β 取最大值，v_β 取最小值，$u_\beta = 1$，$v_\beta = 0$，也即 $S_{New}(\beta) = 1 \Leftrightarrow \beta = P(1, 0)$；

当 $S_{New}(\beta) = -1$ 时为最小值，即 u_β 取最小值，v_β 取最大值，即 $u_\beta = 0$，$v_\beta = -1$，即 $S_{New}(\beta) = 1 \Rightarrow \beta = P(1, 0)$，$S_{New}(\beta) = -1 \Rightarrow \beta = P(0, 1)$。

必要性：

$\beta = P(1, 0)$ 时，$S_{New}(\beta) = 1^2 - 0^2 + 0 \times \left(\dfrac{e^{1^2 - 0^2}}{e^{1^2 - 0^2} + 1} - \dfrac{1}{2} \right) = 1$；

$\beta = P(0, 1)$ 时，$S_{New}(\beta) = 0^2 - 1^2 + 0 \times \left(\dfrac{e^{0^2 - 1^2}}{e^{0^2 - 1^2} + 1} - \dfrac{1}{2} \right) = -1$

即 $\beta = P(1, 0) \Rightarrow S_{New}(\beta) = 1$，$\beta = P(0, 1) \Rightarrow S_{New}(\beta) = -1$。

所以 $S_{New}(\beta) = 1 \Leftrightarrow \beta = P(1, 0)$；$S_{New}(\beta) = -1 \Leftrightarrow \beta = P(0, 1)$。

例 4 - 1 根据式（3 - 4）至式（3 - 6），分别比较三组毕达哥拉斯模糊数的大小，如表 4 - 1 所示。

表 4 - 1　　　　不同记分函数下两个毕达哥拉斯模糊数的比较

两个毕达哥拉斯模糊数	记分函数	毕达哥拉斯模糊数大小
$\beta_1 = P(0.7, \sqrt{0.29})$ $\beta_2 = P(0.6, 0.4)$	$S_{Zhang}(\beta_1) = 0.2$ $S_{Zhang}(\beta_2) = 0.2$	$\beta_1 = \beta_2$
	$S_{Ma}(\beta_1) = 0.4472$ $S_{Ma}(\beta_2) = 0.4472$	$\beta_1 = \beta_2$
	$S_{New}(\beta_1) = 0.211$ $S_{New}(\beta_2) = 0.224$	$\beta_1 < \beta_2$
	$S_{Zhang}(\beta_1) = 0.24$ $S_{Zhang}(\beta_2) = 0.24$	$\beta_1 = \beta_2$

两个毕达哥拉斯模糊数	记分函数	毕达哥拉斯模糊数大小
$\beta_1 = P\left(\dfrac{\sqrt{8}}{5},\ \dfrac{\sqrt{2}}{5}\right)$ $\beta_2 = P\left(\dfrac{\sqrt{10}}{5},\ \dfrac{\sqrt{4}}{5}\right)$	$S_{Ma}(\beta_1) = 0.4899$ $S_{Ma}(\beta_2) = 0.4899$	$\beta_1 = \beta_2$
	$S_{New}(\beta_1) = 0.2758$ $S_{New}(\beta_2) = 0.2663$	$\beta_1 > \beta_2$
	$S_{Zhang}(\beta_1) = 0.28$ $S_{Zhang}(\beta_2) = -0.28$	$\beta_1 = \beta_2^c$
$\beta_1 = P(0.8,\ 0.6)$ $\beta_2 = P(0.6,\ 0.8)$	$S_{Ma}(\beta_1) = 0.529$ $S_{Ma}(\beta_2) = -0.529$	$\beta_1 = \beta_2^c$
	$S_{New}(\beta_1) = 0.28$ $S_{New}(\beta_2) = -0.28$	$\beta_1 = \beta_2^c$

根据表 4 - 1 的计算结果比较可以看出，本章提出的新记分函数在隶属度和非隶属度平方和之差的基础上综合了犹豫度，具有更高的区分度。

4.2　毕达哥拉斯模糊相似度

相似度表征的是数据间的相似程度，对于毕达哥拉斯模糊数，由于其本身具有较大不确定性，其相似度公式应仍以毕达哥拉斯模糊数表征，以体现此种不确定性。本节在直觉模糊相似度的基础上，提出毕达哥拉斯模糊数表征的相似度。

定义 4 - 4

设映射 ϑ：$\Omega^2 \to \Omega$，Ω 为 X 上的所有毕达哥拉斯模糊集的集合，

设 $A_i \in \Omega$（$i = 1$，2，3），若 $\vartheta(A_1, A_2)$ 同时满足：

（1）$\vartheta(A_1, A_2)$ 是毕达哥拉斯模糊数；

（2）$\vartheta(A_1, A_2) = P(1, 0)$，当且仅当 $A_1 = A_2$；

（3）$\vartheta(A_1, A_2) = \vartheta(A_2, A_1)$；

（4）如果 $A_1 \subseteq A_2 \subseteq A_3$，则 $\vartheta(A_1, A_3) \subseteq \vartheta(A_1, A_2)$ 且 $\vartheta(A_1, A_3) \subseteq \vartheta(A_2, A_3)$，称 $\vartheta(A_1, A_2)$ 为 A_1 和 A_2 的毕达哥拉斯模糊相似度。

毕达哥拉斯模糊相似度的构建，是构建能表示两个毕达哥拉斯模糊数或者两个毕达哥拉斯模糊集之间的相似程度的公式，即式（4-6）和式（4-7），这两个公式需要由毕达哥拉斯模糊数表示，同时也要满足定义 4-4 给出的 4 个约束条件。

定义 4-5

设毕达哥拉斯模糊集 $A_i = \{A_{i_1}, A_{i_2}, \cdots, A_{i_n}\}$、$A_k = \{A_{k_1}, A_{k_2}, \cdots, A_{k_n}\}$，

$$L(A_i, A_k) = \frac{\sum_{j=1}^{n} w_j \min\{u_{ij}, u_{kj}\}}{\sum_{j=1}^{n} w_j \max\{u_{ij}, u_{kj}\}},$$

$$H(A_i, A_k) = \frac{\sum_{j=1}^{n} w_j \min\{1 - v_{ij}^2, 1 - v_{kj}^2\}}{\sum_{j=1}^{n} w_j \max\{1 - v_{ij}^2, 1 - v_{kj}^2\}}$$

则：

$$\begin{aligned}
\vartheta(A_i, A_k) &= P(\overline{u}_{ik}, \overline{v}_{ik}) \\
&= P(\min\{L(A_i, A_k), H(A_i, A_k)\}, \\
&\quad 1 - \max\{L(A_i, A_k), H(A_i, A_k)\})
\end{aligned} \tag{4-6}$$

其中，w_j 为第 j 个指标的属性权重。

下面给出式（4-6）满足定义 4-4 给出的 4 个约束条件的证明。

证明

（1）$\vartheta(A_i, A_k)$ 是毕达哥拉斯模糊数。

$$由\ 0 \leqslant L(A_i, A_k) = \frac{\sum\limits_{j=1}^{n} w_j \min\{u_{ij}, u_{kj}\}}{\sum\limits_{j=1}^{n} w_j \max\{u_{ij}, u_{kj}\}} \leqslant 1,$$

$$0 \leqslant H(A_i, A_k) = \frac{\sum\limits_{j=1}^{n} w_j \min\{1 - v_{ij}^2, 1 - v_{kj}^2\}}{\sum\limits_{j=1}^{n} w_j \max\{1 - v_{ij}^2, 1 - v_{kj}^2\}} \leqslant 1$$

得到:

$$0 \leqslant \bar{u}_{ik} = \min\{L(A_i, A_k), H(A_i, A_k)\} \leqslant 1,$$

$$0 \leqslant \bar{v}_{ik} = 1 - \max\{L(A_i, A_k), H(A_i, A_k)\} \leqslant 1,$$

$$0 \leqslant \bar{u}_{ik}^2 + \bar{v}_{ik}^2 = \{\min\{L(A_i, A_k), H(A_i, A_k)\}\}^2 + \{1 - \max\{L(A_i,$$
$$A_k), H(A_i, A_k)\}\}^2 \leqslant \min\{L(A_i, A_k), H(A_i, A_k)\} + 1 - \max\{L(A_i, A_k),$$
$$H(A_i, A_k)\} \leqslant 1$$

即 $\vartheta(A_i, A_k)$ 是毕达哥拉斯模糊数。

(2) $\vartheta(A_1, A_2) = P(1, 0)$,当且仅当 $A_1 = A_2$。

充分性:

由 $A_i = A_k$ 得 $u_{ij} = u_{kj}$,$v_{ij} = v_{kj}$,

$$\sum_{j=1}^{n} w_j \min\{1 - v_{ij}^2, 1 - v_{kj}^2\} = \sum_{j=1}^{n} w_j \max\{1 - v_{ij}^2, 1 - v_{kj}^2\},$$

$$\sum_{j=1}^{n} w_j \min\{u_{ij}, u_{kj}\} = \sum_{j=1}^{n} w_j \max\{u_{ij}, u_{kj}\},\ 所以\ \vartheta(A_1, A_2) = P$$
$(1, 0)$。

必要性:

$$由\ \vartheta(A_1, A_2) = P(1, 0),可以得出\ L(A_i, A_k) = \frac{\sum\limits_{j=1}^{n} w_j \min\{u_{ij}, u_{kj}\}}{\sum\limits_{j=1}^{n} w_j \max\{u_{ij}, u_{kj}\}} = 1,$$

$$H(A_i, A_k) = \frac{\sum\limits_{j=1}^{n} w_j \min\{1 - v_{ij}^2, 1 - v_{kj}^2\}}{\sum\limits_{j=1}^{n} w_j \max\{1 - v_{ij}^2, 1 - v_{kj}^2\}} = 1,\ 所以:$$

$$\sum_{j=1}^{n} w_j \min\{u_{ij}, u_{kj}\} = \sum_{j=1}^{n} w_j \max\{u_{ij}, u_{kj}\}, \sum_{j=1}^{n} w_j \min\{1 - v_{ij}^2, 1 - v_{kj}^2\}$$

$$= \sum_{j=1}^{n} w_j \max\{1 - v_{ij}^2, 1 - v_{kj}^2\},$$

由 w_j 的任意性可以得到 $u_{ij} = u_{kj}$，$v_{ik} = v_{jk}$，所以 $A_i = A_k$。

（3）$\vartheta(A_1, A_2) = \vartheta(A_2, A_1)$。

$$\vartheta(A_1, A_2) = P(\overline{u}_{12}, \overline{v}_{12})$$
$$= P(\min\{L(A_1, A_2), H(A_1, A_2)\},$$
$$1 - \max\{L(A_1, A_2), H(A_1, A_2)\})$$
$$= \vartheta(A_2, A_1)$$

（4）如果 $A_1 \subseteq A_2 \subseteq A_3$，

则 $u_{1j} \leqslant u_{2j} \leqslant u_{3j}$，$v_{1j} \geqslant v_{2j} \geqslant v_{3j}$，

$$L(A_1, A_3) = \frac{\sum\limits_{j=1}^{n} w_j u_{1j}}{\sum\limits_{j=1}^{n} w_j u_{3j}} \leqslant \frac{\sum\limits_{j=1}^{n} w_j u_{1j}}{\sum\limits_{j=1}^{n} w_j u_{2j}} = L(A_1, A_2)$$

$$H(A_1, A_3) = \frac{\sum\limits_{j=1}^{n} w_j (1 - v_{1j}^2)}{\sum\limits_{j=1}^{n} w_j (1 - v_{3j}^2)} \leqslant \frac{\sum\limits_{j=1}^{n} w_j (1 - v_{1j}^2)}{\sum\limits_{j=1}^{n} w_j (1 - v_{2j}^2)} = H(A_1, A_2)$$

因此 $\overline{u}_{13} = \min\{L(A_1, A_3), H(A_1, A_3)\} \leqslant \min\{L(A_1, A_2), H(A_1, A_2)\} = \overline{u}_{12}$，

$\overline{v}_{13} = 1 - \max\{L(A_1, A_3), H(A_1, A_3)\} \geqslant 1 - \max\{L(A_1, A_2), H(A_1, A_2)\} = \overline{v}_{12}$

即 $\vartheta(A_1, A_3) \subseteq \vartheta(A_1, A_2)$。

同理可证 $\vartheta(A_1, A_3) \subseteq \vartheta(A_2, A_3)$。

由此，式（4-6）成立。

定义 4-6

$\beta_1 = P(u_1, v_1)$，$\beta_2 = P(u_2, v_2)$ 为两个毕达哥拉斯模糊数，其相似度为：

$$\vartheta(\beta_1,\beta_2) = P\left(\begin{array}{l} \min\left\{\dfrac{\min\{u_1,u_2\}}{\max\{u_1,u_2\}}, \dfrac{\min\{1-v_1^2,1-v_2^2\}}{\max\{1-v_1^2,1-v_2^2\}}\right\}, \\[4mm] 1-\max\left\{\dfrac{\min\{u_1,u_2\}}{\max\{u_1,u_2\}}, \dfrac{\min\{1-v_1^2,1-v_2^2\}}{\max\{1-v_1^2,1-v_2^2\}}\right\} \end{array}\right)$$

$$(4-7)$$

4.3 基于 WOWA 算子的毕达哥拉斯模糊信息定权方法和集成算子

传统的客观确定权重方法主要研究属性权重，本节提出基于 WOWA 算子的毕达哥拉斯模糊定权方法，WOWA 算子是在由决策矩阵进行计算求得客观权重的基础上根据专家对每个属性值的主观评价进行打分，并且将主观权重与客观权重结合，充分考虑了属性权重与位置权重对决策结果的综合影响，有效地避免了专家操控决策结果等问题。进而提出了基于 WOWA 算子的毕达哥拉斯模糊信息集成公式。

定义 4-7

设 $\beta_1,\beta_2,\cdots,\beta_i,\cdots,\beta_n$ 为一组毕达哥拉斯模糊数，Ω 为毕达哥拉斯模糊数集，映射 PF-WOWA：$\Omega^n \to \Omega$。属性权重 $p=(p_1,p_2,\cdots,p_n)$，位置权重 $w=(w_1,w_2,\cdots,w_n)$，其中 $p_i \in [0,1]$，$w_i \in [0,1]$ 且 $\sum\limits_{i=1}^n p_i = 1$，$\sum\limits_{i=1}^n w_i = 1$。则毕达哥拉斯模糊数的加权 OWA（PF-WOWA）算子：

$$PF-WOWA(\beta_1,\beta_2,\cdots,\beta_i,\cdots,\beta_n)$$

$$= \sum_{i=1}^n b_i v_i = \widetilde{P}\left(\sqrt{1-\prod_{i=1}^n (1-(u_{b_i})^2)^{v_i}}, \prod_{i=1}^n (v_{b_i})^{v_i}\right)$$

$$(4-8)$$

其中，b_i 是 β_1，β_2，$\cdots$，β_i，$\cdots$，β_n 中从大到小依次降序的排列。$v = (v_1, v_2, \cdots, v_i, \cdots, v_n)^T$ 是与 $(b_1, b_2, \cdots, b_i, \cdots, b_n)$ 相对应的属性权重和位置权重重新结合后的综合权重，且 $\sum\limits_{i=1}^{n} v_i = 1$；其中：

$$v_i = w^*\left(\sum_{j=1}^{i} P_{\sigma(j)}\right) - w^*\left(\sum_{j=1}^{i-1} P_{\sigma(j)}\right) \qquad (4-9)$$

$$w^*(x) = \sum_{k=1}^{i-1} w_k + w_i(nx - (i-1)), \left(\frac{i-1}{n} \leqslant x \leqslant \frac{i}{n}\right) \tag*{}$$

$$\qquad (4-10)$$

吴坚（2008）总结了 OWA 算子赋权的三种方法：（1）无决策者主观偏好的位置权重算法；（2）带决策者主观偏好的位置权重算法；（3）模糊语义量化算子。本章在计算 OWA 位置权重时主要应用模糊语义量化算子方法。

定义 4 – 8

模糊语义的量化函数 Q：

$$Q(r) = \begin{cases} 0 & r < a \\ \dfrac{r-a}{b-a} & a \leqslant r \leqslant b \\ 1 & r > b \end{cases} \qquad (4-11)$$

其中，a，b，$r \in [0, 1]$，并且 Q 为非递减函数。

则区间毕达哥拉斯模糊集的 OWA 算子的确定权重的方法为：

$$w_i = Q\left(\frac{i}{n}\right) - Q\left(\frac{i-1}{n}\right), i = 1, 2, \cdots, n \qquad (4-12)$$

其中，n 为区间毕达哥拉斯模糊方案个数。参数 a，b 取值一般分为 Most（0.3，0.8）、At least half（0，0.5）、As many as possible（0.5，1）三种情况。

例 4 - 2　n = 3 时，以参数（a，b）取值（0.5，1）为例：

$$w_1 = Q\left(\frac{1}{3}\right) - Q\ (0)\ = 0$$

$$w_2 = Q\left(\frac{2}{3}\right) - Q\left(\frac{1}{3}\right) = \frac{1}{3}$$

$$w_3 = Q\ (1)\ - Q\left(\frac{2}{3}\right) = \frac{2}{3}$$

求出 n = 3 时将决策者给出的记分函数并从大到小排序，区间毕达哥拉斯模糊数记分函数最大的决策者权重为 0，记分函数排在第二位的决策者权重为 $\frac{1}{3}$，记分函数最小的决策者权重为 $\frac{2}{3}$。

4.4　基于案例推理的毕达哥拉斯模糊信息决策方法

在关于某项决策行为有可参考的决策历史，并且历史数据便于搜集的情况下可依据专家对历史方案的评估给出决策矩阵进行信息整理，并通过构建模型计算求得在本次决策过程中每个属性的最优权重，具体过程和权重模型的构建如下。

某多属性决策问题有 m 个备选方案 $X = \{X_1, X_2, \cdots, X_m\}$；n 个决策属性 $I = \{I_1, I_2, \cdots, I_n\}$；属性权重 $w = (w_1, w_2, \cdots, w_n)$，满足 $0 \leqslant w_j \leqslant 1$，$\sum_{i=1}^{n} w_j = 1$。专家给出决策矩阵 $G = (g_{ij})_{m \times n}$，其中 $g_{ij} = P(u_{ij}, v_{ij})$ 由毕达哥拉斯模糊数表征。

（1）根据历史方案集 $A = \{A_1, A_2, \cdots, A_l\}$ 发生时的历史数据邀请专家对 l 个待分类的历史方案集各个属性进行测评得到毕达哥拉斯模糊矩阵 $T = (t_{ij})_{l \times n}$，见表 4 - 2。

表 4 - 2　　　　　　　　　　专家对历史方案测评矩阵

	I_1	I_2	$\cdots$	I_n
A_1	t_{11}	t_{12}	$\cdots$	t_{1n}
A_2	t_{21}	t_{22}	$\cdots$	t_{2n}
$\cdots$	$\cdots$	$\cdots$	$\cdots$	$\cdots$
A_1	t_{m1}	t_{m2}	$\cdots$	t_{mn}

（2）根据实际决策结果的成效，把已知历史方案分为 q 类 C^1，C^2，$\cdots$，C^q。其中 C^1 代表最优的一类，C^q 代表最劣的一类。设 $C^i = \{A_{i_1}, A_{i_2}, \cdots, A_{i_t}\}$，对于任意 $A_{i_s} \in C^i$，$A_{i+1_k} \in C^{i+1}$，则 $A_{i_s} > A_{i+1_k}$。

（3）从历史方案中寻找确定最优解 A^*，根据毕达哥拉斯模糊相似度公式（见式（4 - 6））计算所有历史方案 A_{i_s} 与 A^* 的相似度 $\vartheta(A^*, A_{i_s})$，利用式（4 - 5）计算新记分函数求得相似度大小 $S_{New}(\vartheta(A^*, A_{i_s}))$ 作为分类半径。设 C^1，C^2，$\cdots$，C^q 类别下的分类半径分别为 R_1、$R_2, \cdots, R_{q-1}$，并且 $R_1 \geq R_2 \geq \cdots \geq R_{q-1} \geq 0$。则 C^1 类中的所有元素与最优方案 A^* 相似度的记分函数 $S_{New}(\vartheta(A^*, A_{i_s}))$ 大于等于 R_1；C^i 类中的所有元素与最优方案 A^* 相似度的记分函数 $S_{New}(\vartheta(A^*, A_{i_s}))$ 大于等于 R_i 同时小于 R_{i-1}；C^q 类中的所有元素与 A^* 相似度的记分函数 $S_{New}(\vartheta(A^*, A_{q_s}))$ 大于 0 且小于 R_{q-1}。

根据上述案例推理思想，构建关于毕达哥拉斯模糊决策问题的数学模型（P4 - 1）确定属性权重 w_j 和分类半径 R_i。

$$\min \sum_{i=1}^{q} \sum_{s=1}^{t} a_{i_s}^2 + b_{i_s}^2 \qquad (P4 - 1)$$

$$\text{s. t.} \ \sum_{k=1}^{n} w_k S_{New}(\vartheta\{P(u_{i_s k}, v_{i_s k}), P(u_{*k}, v_{*k})\}) - b_{i_s} < R_{i-1};$$

$$\sum_{k=1}^{n} w_k S_{New}(\vartheta\{P(u_{i_s k}, v_{i_s k}), P(u_{*k}, v_{*k})\}) + a_{i_s} \geq R_i;$$

$$w_j \geq 0, \sum_{k=1}^{n} w_j = 1;$$

$$R_1 \geq R_2 \geq \cdots \geq R_{q-1} \geq 0;$$

$$a_{i_s} \geq 0, b_{i_s} \geq 0, i = 1,2,\cdots,q, i = 1,2,\cdots,q, s = 1,2,\cdots,t;$$

$$\text{其中 } a_{i_s} \geq 0, b_{i_s} \geq 0 \text{ 为松弛变量。}$$

根据模型（P4 – 1）求出毕达哥拉斯模糊决策矩阵每个属性的最优权重和分类半径，计算原决策问题的备选方案 X_i 与 A^* 的相似度 $\vartheta(A^*, A_{i_s})$，然后对方案进行排序和分类。

综上，基于案例推理的毕达哥拉斯模糊信息决策步骤可总结为：

第一步，确定历史方案的分类并寻找最优方案 A^*；

第二步，由式（4 – 5）、式（4 – 6）求出历史各方案与最优方案相似度及其记分函数；

第三步，根据模型（P4 – 1）求出各属性的最优权重 w_j 及分类半径 R_i；

第四步，计算各备选方案与已知最优方案 A^* 的相似度及记分函数；

第五步，根据分类半径将备案方案进行分类，选出备选方案集中的最优方案。

4.5 算例分析

战略性新兴产业近些年来发展态势良好，战略性新兴产业的资金在很大程度上来源于政府的扶持，一笔相同的补贴经费发放到不同的战略新兴产业公司中会得到不同的收益。影响政府补贴绩效的主要有以下属性。

I_1：公司管理层分布。公司的高管持股占比、管理层学历分布以及独立董事占比等决定着补贴经费在公司被利用到不同的环节，直接影响公司绩效水平。

I_2：公司成立时间。公司成立时间的早晚决定公司对战略性新兴产业关键因素、重点发展方向、主要投入项目的熟悉程度。

I_3：财务风险能力。公司的资产负债率、现金流动比率以及营业收入增长率等直接影响公司的战略性新兴产业生产周转。

I_4：公司规模。在同一战略新兴产业领域，由于公司规模不同，投入相同的初始资金会产生不同的收益水平。

某政府现有一笔补贴经费要通过选择 X_1，X_2，X_3，X_4 四个战略性新兴产业公司，最终确定将补贴经费投入一个公司作为对其发展的支持。专家对 X_1，X_2，X_3，X_4 四个公司关于 I_1，I_2，I_3，I_4 四个属性运用毕达哥拉斯模糊数打分，如表 4-3 所示。

表 4-3　　　　备选方案关于各属性的毕达哥拉斯模糊矩阵

	I_1	I_2	I_3	I_4
X_1	P (0.8, 0.3)	P (0.5, 0.6)	P (0.7, 0.6)	P (0.4, 0.4)
X_2	P (0.4, 0.1)	P (0.9, 0.2)	P (0.6, 0.4)	P (0.6, 0.1)
X_3	P (0.7, 0.4)	P (0.6, 0.7)	P (0.8, 0.2)	P (0.6, 0.3)
X_4	P (0.5, 0.5)	P (0.4, 0.5)	P (0.6, 0.1)	P (0.7, 0.4)

（1）对备选的 8 家战略性新兴产业公司进行分析，得出决策各项属性的毕达哥拉斯模糊矩阵，见表 4-4。

表 4-4　　　　历史方案关于各属性的毕达哥拉斯模糊矩阵

	I_1	I_2	I_3	I_4
A_1	P (0.4, 0.2)	P (0.8, 0.4)	P (0.6, 0.2)	P (0.7, 0.1)
A_2	P (0.5, 0.1)	P (0.7, 0.3)	P (0.6, 0.1)	P (0.7, 0.2)
A_3	P (0.8, 0.3)	P (0.7, 0.3)	P (0.7, 0.3)	P (0.6, 0.3)
A_4	P (0.7, 0.3)	P (0.8, 0.5)	P (0.5, 0.2)	P (0.8, 0.3)
A_5	P (0.7, 0.4)	P (0.5, 0.2)	P (0.9, 0.2)	P (0.6, 0.4)
A_6	P (0.8, 0.3)	P (0.6, 0.2)	P (0.6, 0.4)	P (0.5, 0.1)
A_7	P (0.7, 0.1)	P (0.6, 0.1)	P (0.7, 0.4)	P (0.8, 0.5)
A_8	P (0.7, 0.1)	P (0.7, 0.4)	P (0.8, 0.6)	P (0.6, 0.1)

根据已知投入政府补贴的收益情况和专家分析可知，8 家公司中

A_3、A_5 可划分为 C^1，即最好的一类；将 A_1、A_2、A_6、A_7、A_8 划分为 C^2，即相对一般的一类；将 A_4 划分到 C^3，即相对效果较差的一类。且已知最优方案 A^* 为 A_3：$A^* = \{P(0.8, 0.3)，P(0.7, 0.3)，P(0.7, 0.3)，P(0.6, 0.2)\}$。

（2）求出备选方案各属性与最优方案各属性相似度的记分函数，如表 4 - 5 所示。

表 4 - 5　历史方案各属性与最优方案各属性相似度的记分函数

	I_1	I_2	I_3	I_4
A_1	0.2933	0.8011	0.7780	0.7802
A_2	0.4413	1.0000	0.7733	0.7813
A_3	1.0000	1.0000	1.0000	1.0000
A_4	0.8084	0.7125	0.5680	0.6191
A_5	0.8011	0.5680	0.6596	0.8084
A_6	1.0000	0.7733	0.7740	0.7443
A_7	0.8011	0.7780	0.8818	0.5637
A_8	0.8004	0.8818	0.5366	0.9534

（3）根据模型（P4 - 1）求出各属性的最优权重：$w_1 = 0.18$，$w_2 = 0.08$，$w_3 = 0.44$，$w_4 = 0.3$；分类半径 $R_1 = 0.78$，$R_2 = 0.67$。

（4）计算 X_1，X_2，X_3，X_4 与 A^* 的相似度：

$\vartheta(X_1, A^*) = P(0.8093, 0.1105)$，$\vartheta(X_2, A^*) = P(0.8125, 0.0611)$，$\vartheta(X_3, A^*) = P(0.9044, 0.0862)$，$\vartheta(X_4, A^*) = P(0.7883, 0.1175)$

其记分函数 $S_{New}(\vartheta(X_1, A^*)) = 0.6945$，$S_{New}(\vartheta(X_2, A^*)) = 0.7097$，$S_{New}(\vartheta(X_3, A^*)) = 0.8440$，$S_{New}(\vartheta(X_4, A^*)) = 0.6614$。

（5）由分类半径可知，X_3 属于第一类方案，X_1、X_2 属于第二类方案，X_4 属于第三类方案，所以 X_3 为最优方案，并且 $X_3 > X_2 > X_1 > X_4$。

运用 TOPSIS 法解决毕达哥拉斯模糊问题，权重由专家给出 $w_1 = 0.2$，$w_2 = 0.15$，$w_3 = 0.4$，$w_4 = 0.25$，求得正理想解（Zhang and Xu，

2014）。

正理想解：$x^+ = \{P(0.8,0.3),P(0.9,0.2),P(0.8,0.2),P(0.6,0.1)\}$

负理想解：$x^- = \{P(0.5,0.5),P(0.6,0.7),P(0.7,0.6),P(0.4,0.4)\}$

通过求各方案与正、负理想解的距离最终求得 $X_3 > X_2 > X_4 > X_1$。

本章的方法在确定权重时不仅考虑到专家的主观意见，更综合了已知案例，对已知方案集进行建模分析求出各属性的权重及分类半径，既保留专家的主观判断又综合了客观数据，使权重更加准确。通过对比计算，进一步验证了本书提出基于案例推理的毕达哥拉斯模糊决策的合理性和有效性。

4.6　基于毕达哥拉斯模糊案例推理方法的用户个性化酒店推荐

4.6.1　用户个性化酒店推荐的研究背景

自 20 世纪 90 年代以来，互联网技术的高速发展使互联网与人们的生活联系越来越密切，绝大多数人的交通出行、文娱活动、日常沟通乃至购物科研等都需要依托互联网来实现。

在频繁使用互联网以及移动网络的同时，人们无时无刻不被信息爆炸的大数据包围，互联网记载和所能呈现的数据已远远超过人脑所能接受和储存的程度。当我们在选择商品时，常常面临各种无用的信息，浏览冗余信息浪费了大量的精力和时间，想要花费较短的时间买到自己心仪的物品需要精准的推荐系统。如何在浩如烟海的数据中给客户推送到他满意的服务也成为商家需要不断优化和发展的课题，因此个性化推荐不断成为众多学者和商家竞相研究的领域。国外的谷歌、

YouTube、亚马逊等搜索、视频、购物平台都重视运用个性化推荐系统，以给客户更好的使用体验；国内的互联网销售平台更是根据用户浏览某一类型的新闻和视频时间的长短以及搜索、关注类型，为用户大量推送相关内容，有效延长了用户的使用时间。

据中国产业信息网报道，早在2017年，中国国内旅游人数就高达50.01亿人次，有50%～60%的家庭会在一年内选择出行一次以上。随着旅游业以及互联网的高速发展，应运而生的旅游电子商务成为大多数人出行的首选，越来越多的酒店商家与各种网络平台达成合作关系。然而，在线预订酒店在方便和用户双向选择的同时，给平台提出了严峻的考验，数量繁多的酒店让客户挑得眼花缭乱，例如在携程网搜索"海口"就会出现18628家酒店，搜索"北京"会出现148359家。用户在自己并不能亲身体验的环境下对酒店的了解仅限于酒店自己介绍和既往用户的评价，同时，真正的优质酒店也难以在同类型酒店中脱颖而出，使自己成为用户的首选。根据用户个人信息进行个性化推荐的系统就显得弥足珍贵，将个性化推荐系统应用到旅游业务中的游客酒店预订中，目的是方便用户在最短的时间内选择出自己心仪的酒店，使用户获得更好的使用体验，进而提高平台的使用率。

4.6.2　用户个性化酒店推荐现有研究方法

传统的旅游推荐系统一般运用协同过滤来为用户进行个性化推荐，大致计算步骤如图4-1所示。本章将毕达哥拉斯模糊算法应用到旅游业的酒店预订个性化推荐中。

图4-1　协同过滤个性化推荐计算步骤

4.6.3　基于毕达哥拉斯模糊个性化酒店推荐的指标体系构建

在个性化的酒店推荐系统中，不同用户对地理位置、酒店环境、餐饮、价格等服务看重的程度是不一样的，这时，多属性决策就能有效反映不同用户的实际情况，每个用户有自己的属性权重，而不是所有人都一样的模板化的属性权重。

用户选择酒店通常根据个人和产品两大因素来进行决策。个人因素主要是性别、年龄、阶层、学历、所在地区。用户在选择酒店时往往对不同因素有着不一样的在意程度，所以不同人对酒店的各方面设施以及服务需要都有自己的权重。产品因素主要包括价格、酒店品牌、酒店资源以及口碑。酒店资源属性细分为公共和私有两个属性。酒店的卫生、舒适度、内部设施等和酒店所提供的服务为酒店的私有属性，酒店周围环境、酒店地理位置等为酒店的公共属性。将影响用户进行最终决策的影响因素梳理总结如下。

（1）酒店环境。酒店的环境直接决定消费者居住的舒适度，例如周围较嘈杂的酒店，消费者在选择时往往会排除。

（2）酒店设施。酒店的设施包括酒店空调、电视、无线网络以及床和洗漱用品的配备往往都是消费者在进行酒店选择的有利依据（杨玥璐和魏晨蕊，2019）。

（3）酒店内部卫生。消费者在酒店选择时特别重视酒店的卫生条件，只有卫生条件好的酒店才能吸引更多的消费者（王开元，2017）。

（4）酒店服务。酒店服务包括住宿餐饮客服等的服务，一个酒店只有提供良好的服务才能吸引、留住消费者。

（5）酒店品牌。每个品牌的酒店卖点不一样，不同品牌的酒店有自身的定位和受众，在不同的消费者群体内有着不一样的市场竞争力。酒店的品牌往往是影响消费者选择的重要因素（Grissemann et al., 2013）。

（6）价格。酒店的定价会自动匹配不同消费能力的消费者，价格相对较低的酒店往往会使消费者忽略其他因素相对较差的问题，价格低廉的酒店对于大多数消费者来说通常更有吸引力（熊伟等，2009）。

（7）酒店口碑。现今，消费者能够轻松获得各种信息，在消费的时候往往会注重产品的口碑，一般来说，口碑好的产品代表着产品各种性能相对优秀，购买者也就更多（龚诗阳等，2012）。

（8）周围酒店竞争力。周围同等定位酒店的价格直接决定着酒店是否被选择，一个酒店一旦跟周围酒店定位相同，价格还高于其他酒店，往往不会被消费者选择。

（9）地理位置。酒店附近的交通状况，地铁、公交是否便利，距离车站、机场、购物中心、旅游景点的远近往往会是消费者进行选择的依据（Zhang et al., 2011）。

以上 9 个因素可以分为内部因素和外部因素两大类，见图 4 – 2。

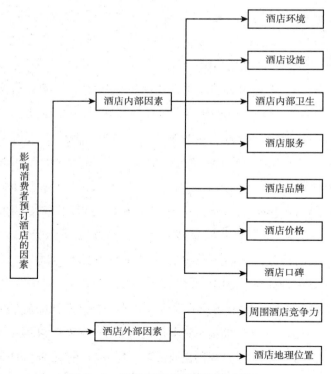

图 4 – 2　消费者酒店预订的影响因素

4.7　基于毕达哥拉斯模糊数的用户个性化酒店推荐方法

本文在将毕达哥拉斯模糊引入到协同过滤，丰富了毕达哥拉斯模糊的应用范围，也给协同过滤提供了一种新的计算方法，虽然难以改变传统协同过滤技术存在的冷启动等问题，但是可以有效提高传统协同算法精准度。利用毕达哥拉斯模糊改进的用户个性化酒店推荐步骤如图 4 - 3 所示。

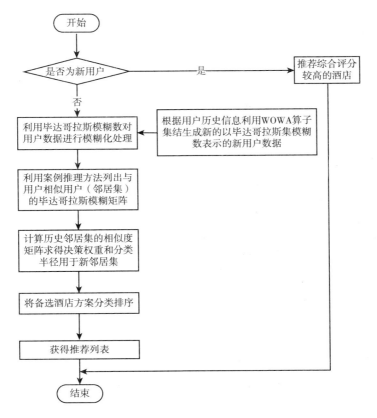

图 4 - 3　基于毕达哥拉斯模糊决策对个性化酒店推荐决策方法

本方法最初由毕达哥拉斯模糊表示的用户个人信息通过 WOWA 算子进行集结，得出一个毕达哥拉斯模糊用户信息，然后利用毕达哥拉斯模糊案例推理方法，将与用户特征相关的用户作为邻居集，计算邻居集的相似度矩阵，将与用户可能匹配的酒店分类排序，按照其顺序先后推荐给用户，使用户能在较短的时间内找到与自身定位相匹配的酒店进行预订，而不是在浩如烟海的数据里对酒店进行甄别。

某用户对影响酒店预订各属性的在意程度由其选择过的酒店各属性的综合评分整理得出，并量化为毕达哥拉斯模糊数或者区间毕达哥拉斯模糊数，由于篇幅有限，在此只计算将其量化为毕达哥拉斯模糊数的形式，网络平台处理时可采用 JAVA 对网站数据进行抓取整理并进一步量化。

数据库中的 sg 个数据 A_{s1}，A_{s2}，A_{s3}，…，A_{sg}，分别表示 s 个区域的用户数据。假设 b_n 个用户选择过的酒店 X_{b1}，X_{b2}，X_{b3}，…，X_{bn} 为每次新的预订计划可能被推荐的酒店集合，m 个影响因素作为评价一个酒店的评价指标 I_1，I_2，I_3，…，I_m。用户 A_{sg} 对曾经由各种因素（9 个属性）影响下综合考量选择预订的 n 家酒店关于各属性的评价值量化为毕达哥拉斯模糊数 d_{ij}，构成 g 个用户关于自己选择过的 n 家酒店的毕达哥拉斯模糊决策矩阵 $D^{sg} = (d_{ij}^{sg})_{m \times n}$（k = 1，…，g），如表 4 - 6 所示。

表 4 - 6　　　　　　　　用户 A_{sg} 给出的决策矩阵 D^{sg}

	X_1	X_2	…	X_n
I_1	d_{11}^{sg}	d_{12}^{sg}	…	d_{1n}^{sg}
I_2	d_{21}^{sg}	d_{22}^{sg}	…	d_{2n}^{sg}
⋮	…	…		…
I_m	d_{m1}^{sg}	d_{m2}^{sg}	…	d_{mn}^{sg}

计算出用户曾经由于各属性综合对比分析而选择预订的 n 家酒店每次选择在整个决策过程中所占的权重 w_j，整理得到用户关于酒店各属性选择的毕达哥拉斯模糊集。搜集挑选曾经与目标用户 A^* 推荐并匹

配成功的用户作为历史邻居集 $A_1 = \{A_{11}, A_{12}, \cdots, A_{1l}\}$，并将历史相似的邻居用户关于影响因素的评价值集结形成新的决策矩阵 $G = (g_{ij})_{m \times n}$，如表 4 - 7 所示，$g_{ij}$ 是由毕达哥拉斯模糊数表示的用户 A_{1k} 的历史邻居集在选择酒店时酒店各属性的评分。

表 4 - 7　　　用户 A_{1k} 的历史邻居集关于各属性的决策矩阵 G

	I_1	I_2	$\cdots$	I_n
A_{11}	g_{11}	g_{12}	$\cdots$	g_{1n}
A_{12}	g_{21}	g_{22}	$\cdots$	g_{2n}
$\vdots$	$\cdots$	$\cdots$	$\cdots$	$\cdots$
A_{1m}	g_{m1}	g_{m2}	$\cdots$	g_{mn}

计算 A_{1m} 与目标用户 A^* 的相似度，根据相似度，利用模型求得新一次决策时各个属性所占比重，对新目标地区新筛选出的新邻居集 $A = \{A_{b1}, A_{b2}, \cdots, A_{bl}\}$ 进行整合计算，求出新邻居集的排序，并按其结果分类出酒店推荐顺序。

下面给出基于毕达哥拉斯模糊决策对个性化酒店推荐决策方法的具体步骤。

第一步，根据 D^{sk} 用毕达哥拉斯模糊定权方法计算出数据库中用户集 A_{s1}，A_{s2}，A_{s3}，$\cdots$，A_{sg} 关于所选择过的酒店每次选择对个人总体影响的权重 w_j；并根据每次不同选择综合整理出用户在酒店选择时关于各属性的客观权重；

第二步，将用户期初注册预订平台时由问卷调查得到的主观权重与第一步中的客观权重用 WOWA 算子集结，整合得出每个用户关于各属性在总体决策时的毕达哥拉斯模糊值，并将其记为 A^*；

第三步，找出曾经与目标用户 A_{sg} 匹配成功的相近用户集之和作为邻居集 $A_1 = \{A_{11}, A_{12}, \cdots, A_{1l}\}$；

第四步，根据相似度公式计算第三步得到邻居集 A_{i_s} 与 A^* 的相似度 $\vartheta(A^*, A_{i_s})$；

第五步，求出影响用户对酒店选择的各个因素的最优权重 w_k 及分

类半径 R_i；

第六步，根据记分函数计算相似度大小，根据相似度获得目标酒店推荐列表，并将数据返回系统，以供下次选择和其他用户选择时使用。

4.8　某用户个性化酒店推荐实例研究

由于用户原始数据并不是毕达哥拉斯模糊数表征的，在搜集原始数据的基础上需要进行量化处理。根据某目标用户历次选择，综合整理出用户在酒店选择时各属性的客观权重与注册预订平台时的问卷调查得到的主观权重，用 WOWA 算子集结，整合得出每个用户关于各属性在总体决策时的毕达哥拉斯模糊值，如表 4 – 8 所示。

表 4 – 8　酒店各属性在目标用户总体决策时的毕达哥拉斯模糊矩阵

	I_1 酒店环境	I_2 酒店设施	I_3 内部卫生	I_4 酒店服务	
A^*	P (0.7, 0.4)	P (0.8, 0.3)	P (0.5, 0.5)	P (0.6, 0.5)	
	I_5 酒店品牌	I_6 酒店价格	I_7 酒店口碑	I_8 竞争力	I_9 地理位置
A^*	P (0.6, 0.4)	P (0.8, 0.2)	P (0.4, 0.3)	P (0.9, 0.2)	P (0.6, 0.4)

搜集挑选曾经与目标用户 A^* 一同推荐并匹配成功的用户作为历史邻居集 $A_1 = \{A_{11}, A_{12}, \cdots, A_{11}\}$，其历史邻居集在选择酒店时酒店各种影响因素的评分见表 4 – 9。

表 4 – 9　历史邻居集关于各属性在总体决策时的毕达哥拉斯模糊矩阵

	I_1	I_2	I_3	I_4	
A_{11}	P (0.8, 0.3)	P (0.9, 0.3)	P (0.7, 0.5)	P (0.7, 0.4)	
A_{12}	P (0.7, 0.4)	P (0.9, 0.2)	P (0.6, 0.4)	P (0.7, 0.1)	
A_{13}	P (0.7, 0.5)	P (0.6, 0.2)	P (0.6, 0.2)	P (0.6, 0.3)	
A_{14}	P (0.6, 0.5)	P (0.7, 0.1)	P (0.6, 0.3)	P (0.7, 0.4)	

	I₁	I₂	I₃	I₄	
A₁₅	P (0.8, 0.4)	P (0.8, 0.3)	P (0.5, 0.6)	P (0.8, 0.3)	
A₁₆	P (0.9, 0.4)	P (0.9, 0.2)	P (0.4, 0.5)	P (0.6, 0.5)	
A₁₇	P (0.8, 0.5)	P (0.6, 0.1)	P (0.4, 0.6)	P (0.4, 0.5)	
A₁₈	P (0.5, 0.2)	P (0.7, 0.2)	P (0.5, 0.5)	P (0.6, 0.2)	
A₁₉	P (0.8, 0.2)	P (0.7, 0.3)	P (0.6, 0.6)	P (0.5, 0.4)	
A₁₀	P (0.6, 0.2)	P (0.8, 0.2)	P (0.7, 0.4)	P (0.7, 0.3)	
	I₅	I₆	I₇	I₈	I₉
A₁₁	P (0.6, 0.4)	P (0.7, 0.1)	P (0.5, 0.2)	P (0.7, 0.1)	P (0.4, 0.4)
A₁₂	P (0.6, 0.3)	P (0.9, 0.2)	P (0.3, 0.4)	P (0.8, 0.1)	P (0.6, 0.1)
A₁₃	P (0.7, 0.4)	P (0.8, 0.3)	P (0.3, 0.2)	P (0.8, 0.3)	P (0.6, 0.3)
A₁₄	P (0.5, 0.2)	P (0.8, 0.1)	P (0.6, 0.1)	P (0.9, 0.2)	P (0.7, 0.4)
A₁₅	P (0.8, 0.3)	P (0.7, 0.1)	P (0.4, 0.1)	P (0.9, 0.4)	P (0.4, 0.4)
A₁₆	P (0.6, 0.2)	P (0.9, 0.2)	P (0.2, 0.2)	P (0.9, 0.1)	P (0.6, 0.1)
A₁₇	P (0.8, 0.4)	P (0.9, 0.3)	P (0.5, 0.3)	P (0.7, 0.2)	P (0.6, 0.4)
A₁₈	P (0.5, 0.3)	P (0.8, 0.2)	P (0.3, 0.3)	P (0.8, 0.1)	P (0.5, 0.1)
A₁₉	P (0.8, 0.5)	P (0.7, 0.2)	P (0.4, 0.2)	P (0.8, 0.3)	P (0.8, 0.6)
A₁₀	P (0.7, 0.5)	P (0.9, 0.2)	P (0.4, 0.3)	P (0.7, 0.1)	P (0.5, 0.1)

根据本书提出的相似度公式和新记分函数公式计算出所有邻居集各属性与目标用户各属性相似度的记分函数矩阵，见表 4 - 10。

表 4 - 10　　　　历史邻居集各属性与目标用户各属性

相似度的记分函数矩阵

	I₁	I₂	I₃	I₄	
A₁₁	0.801	0.830	0.571	0.608	
A₁₂	1.000	0.826	0.731	0.608	
A₁₃	0.836	0.619	0.634	0.732	
A₁₄	0.767	0.800	0.698	0.767	
A₁₅	0.808	1.000	0.776	0.584	

	I_1	I_2	I_3	I_4	
A_{16}	0.663	0.826	0.696	1.000	
A_{17}	0.794	0.614	0.669	0.505	
A_{18}	0.552	0.805	1.000	0.668	
A_{19}	0.789	0.808	0.719	0.731	
A_{10}	0.615	0.920	0.557	0.707	
	I_5	I_6	I_7	I_8	I_9
A_{11}	1.000	0.807	0.692	0.662	0.505
A_{12}	0.882	0.830	0.615	0.828	0.768
A_{13}	0.781	0.920	0.619	0.826	0.882
A_{14}	0.726	0.953	0.497	1.000	0.781
A_{15}	0.615	0.807	0.876	0.808	0.505
A_{16}	0.808	0.830	0.293	0.953	0.768
A_{17}	0.622	0.826	0.696	0.663	1.000
A_{18}	0.738	1.000	0.622	0.828	0.717
A_{19}	0.608	0.808	0.920	0.826	0.553
A_{110}	0.767	0.830	1.000	0.662	0.717

根据本章提出的毕达哥拉斯模糊案例推理计算权重模型（P4 - 1）将 10 个历史邻居集中的 A_{13}、A_{19} 归为匹配度最高的第一大类；A_{17}、A_{18}、A_{110} 匹配度次之，分为第二大类；A_{11}、A_{12}、A_{14}、A_{15}、A_{16} 为第三类。并根据历史邻居集求得对于计算新邻居集备选邻居集对于酒店选择 9 个影响因素的最优权重，见表 4 - 11。

表 4 - 11　　　　　　对于酒店选择 9 个影响因素的最优权重

	I_1 酒店环境	I_2 酒店设施	I_3 内部卫生	I_4 酒店服务	
w_j	0.07	0.01	0.13	0.23	
	I_5 酒店品牌	I_6 酒店价格	I_7 酒店口碑	I_8 竞争力	I_9 地理位置
w_j	0.01	0.02	0.22	0.08	0.23

分类半径 $R_0 = 1$，$R_1 = 0.743$，$R_2 = 0.719$，$R_3 = 0$。

由于篇幅有限，本章只列出最相似的 8 个目标用户所预订酒店新地区 8 个新邻居集关于其预订酒店各影响因素的评价值，见表 4 - 12。

表 4 - 12　　　新邻居集关于其预订酒店各影响因素的评价矩阵

	I_1	I_2	I_3	I_4	
A_{21}	P (0.8, 0.4)	P (0.5, 0.4)	P (0.6, 0.7)	P (0.7, 0.2)	
A_{22}	P (0.7, 0.3)	P (0.7, 0.2)	P (0.6, 0.5)	P (0.6, 0.7)	
A_{23}	P (0.8, 0.5)	P (0.7, 0.3)	P (0.5, 0.3)	P (0.7, 0.4)	
A_{24}	P (0.7, 0.5)	P (0.8 0.2)	P (0.5, 0.2)	P (0.8, 0.5)	
A_{25}	P (0.8, 0.2)	P (0.9, 0.3)	P (0.5, 0.4)	P (0.4, 0.7)	
A_{26}	P (0.8, 0.6)	P (0.8, 0.3)	P (0.7, 0.6)	P (0.4, 0.4)	
A_{27}	P (0.7, 0.1)	P (0.7, 0.1)	P (0.3, 0.5)	P (0.6, 0.3)	
A_{28}	P (0.6, 0.1)	P (0.5, 0.5)	P (0.6, 0.4)	P (0.7, 0.2)	
	I_5	I_6	I_7	I_8	I_9
A_{21}	P (0.6, 0.5)	P (0.8, 0.2)	P (0.4, 0.6)	P (0.8, 0.5)	P (0.5, 0.4)
A_{22}	P (0.7, 0.3)	P (0.8, 0.3)	P (0.5, 0.4)	P (0.8, 0.3)	P (0.6, 0.3)
A_{23}	P (0.7, 0.3)	P (0.9, 0.2)	P (0.5, 0.3)	P (0.7, 0.4)	P (0.8, 0.2)
A_{24}	P (0.6, 0.2)	P (0.7, 0.2)	P (0.5, 0.2)	P (0.8, 0.1)	P (0.6, 0.2)
A_{25}	P (0.8, 0.4)	P (0.8, 0.1)	P (0.6, 0.5)	P (0.8, 0.2)	P (0.8, 0.2)
A_{26}	P (0.7, 0.3)	P (0.7, 0.3)	P (0.4, 0.4)	P (0.8, 0.1)	P (0.7, 0.4)
A_{27}	P (0.5, 0.4)	P (0.8, 0.3)	P (0.6, 0.3)	P (0.9, 0.2)	P (0.6, 0.5)
A_{28}	P (0.7, 0.6)	P (0.9, 0.3)	P (0.4, 0.7)	P (0.9, 0.1)	P (0.7, 0.5)

根据案例推理计算毕达哥拉斯模糊集的决策方法，计算 A_{21}、A_{22}、A_{23}、A_{24}、A_{25}、A_{26}、A_{27}、A_{28} 与 A^* 的相似度 $\vartheta(A_{21}, A^*) = P(0.822, 0.134)$，$\vartheta(A_{22}, A^*) = P(0.886, 0.073)$，$\vartheta(A_{23}, A^*) = P(0.827, 0.084)$，$\vartheta(A_{24}, A^*) = P(0.879, 0.084)$，$\vartheta(A_{25}, A^*) = P(0.772, 0.157)$，$\vartheta(A_{26}, A^*) = P(0.823, 0.079)$，$\vartheta(A_{27}, A^*) = P(0.885, 0.078)$，$\vartheta(A_{28}, A^*) = P(0.795, 0.112)$，其记分函数 $S_{New}(\vartheta(A_{21}, A^*)) = 0.710$，$S_{New}(\vartheta(A_{22}, A^*)) = 0.819$，$S_{New}(\vartheta(A_{23}, A^*)) = 0.727$，$S_{New}(\vartheta(A_{24}, A^*)) = 0.807$，$S_{New}(\vartheta(A_{25}, A^*)) = 0.624$，$S_{New}(\vartheta(A_{26},$

A^{*})) = 0. 722 , S_{New} (ϑ (A_{27} , A^{*})) = 0. 815 , S_{New} (ϑ (A_{28} , A^{*})) = 0. 673。

由分类半径可知，A_{22}、A_{24}、A_{27}所选择的乙酒店、丁酒店、庚酒店属于第一类方案，A_{23}、A_{26}所选择的丙酒店、己酒店属于第二类方案，A_{21}、A_{25}、A_{28}所选择的甲酒店、戊酒店、辛酒店属于第三类方案。

将乙酒店、丁酒店、庚酒店放在最显眼的地方推送给目标用户，丙酒店、己酒店次之，甲酒店、戊酒店、辛酒店更次之。最后目标用户在新目的地选择酒店时选择了丁酒店，说明了本方法的有效性。

4.9 本章小结

本章主要介绍了毕达哥拉斯模糊信息案例推理方法，并将其应用到酒店推荐问题中，结论表明，本章提出的方法能够有效解决酒店推荐问题。

■ 第5章 ■

犹豫模糊语言信息案例推理
决策方法及应用

在现实生活中，面对不确定决策问题时，由于时间压力或缺乏必要的信息，决策者（DMs）很难选择最优的方案，只能获得满意的方案。案例推理（Case-based Reasoning, CBR）是从过去成功的决策案例中获取 DMs 偏好信息的有效途径。本章旨在利用 CBR 方法处理犹豫模糊语言信息，获得准则的权重，然后根据以往成功的决策案例对备选方案进行分类和排序。本章首先总结了犹豫模糊语言术语集的距离测度，然后从关系和性质两个方面对 HFLTS 提出了新的公理化定义和距离测度。基于本书提出的距离测度，进一步提出了犹豫模糊语言信息 CBR 决策模型，用以计算准则权重和分类阈值，然后根据以往成功决策案例中最满意的解决方案对备选方案进行分类和排序，最后举例说明本章提出的方法的有效性和优越性。

现有的基于 HFLTS 的决策方法都是根据决策问题本身的信息来确定准则的权重并对备选方案进行排序，对于一些十分复杂的决策问题，如果能够利用历史上成功的决策案例中的数据来帮助决策，那么该方法将更加合理。进一步地，当面临突发事件等关键决策问题时，DMs 按照传统的决策方法进行最优决策具有显著的风险。以往成功的决策案例对类似情况具有重要的参考价值。虽然过去的选择可能不是最优的，但事实上，问题已经得到圆满解决。因此，决策思路在于，根据过去的成功案例来选择或排序备选方案。

案例推理（Case-based Reasoning, CBR）是从 DMs 对过去案例的

决策中获取优先信息的有效途径。近年来，关于 CBR 方法的研究较多。学者们讨论了一种新的具有脆值的 MCDM CBR 方法（Chen et al.,2008），利用 CBR 模型解决面向服务的价值链设计制造问题（Chen and Chiu，2015c），构建了一种 CBR 方法来捕捉能量性能曲线（Koo and Hong，2015），提出利用 CBR 方法进行群决策的方法，并将其应用于废水处理（Yan et al.，2015）和解决项目风险管理（Fan et al.，2015）。埃文斯（Evans，2016）通过案例评估研究了企业管理教育问题。

受这些思想的启发，本章将 CBR 推广到处理犹豫模糊语言信息。具体来说，我们将利用提出的距离测度和基于案例推理（CBR）来处理犹豫模糊语言信息，构建基于拟距离的规划模型，计算准则权重和备选方案分类阈值，用于从以往成功案例中对备选方案进行分类或排序，主要贡献如下：

（1）提出了一种新的决策模式，即借助过去成功的决策案例来进行新的决策；

（2）提出了一个新的公理化定义和 HFLTS 的距离度量，并从关系和属性方面与现有定义进行了比较；

（3）建立犹豫模糊语言信息的 CBR 决策模型，通过该模型 DMs 对备选方案进行分类和排序。

5.1　一种新的公理定义和距离度量

5.1.1　新扩展的公理定义和距离测度

定义 5-1

设 H_S^1，H_S^2 和 H_S^3 为 $S = \{s_\alpha \mid \alpha = -\tau, \cdots, -1, 0, 1, \cdots, \tau\}$ 上的任意三个 HFLTSs，距离测度 d 应满足以下五个性质：

（1）$0 \leq d(H_S^1, H_S^2) \leq 1$；

（2）$d(H_S^1,H_S^2)=0$ iff $H_S^1=H_S^2$；

（3）$d(H_S^1,H_S^2)=d(H_S^2,H_S^1)$；

（4）$d(H_S^1,H_S^3)\leqslant d(H_S^1,H_S^2)+d(H_S^2,H_S^3)$；

（5）If $H_S^1\leqslant_1 H_S^2\leqslant_1 H_S^3$, then $d(H_S^1,H_S^2)\leqslant d(H_S^1,H_S^3)$ and $d(H_S^2,H_S^3)\leqslant d(H_S^1,H_S^3)$。

定义 5 –2

设 $S=\{s_\alpha\mid\alpha=-\tau,\cdots,-1,0,1,\cdots,\tau\}$ 是一个 HFLTS，H_S^1 和 H_S^2 为任意两个 S 上的 HFLTSs，那么 H_S^1 和 H_S^2 的距离 d 定义如下：

$$d(H_S^1,H_S^2)=\frac{1}{6\tau}(\,|I(H_S^{1+})-I(H_S^{2+})|\,+\,|I(H_S^{1-})-I(H_S^{2-})|$$
$$+\,|\mu(H_S^1)-\mu(H_S^2)|\,) \qquad (5-1)$$

其中，$I(s_i)$ 是语言术语集 s_i 的语言下标。

定理 5 –1

距离测度 d 由式（5 –1）定义，满足定义 5 –1 中的性质（1）至性质（5）。

证明

性质（1）至性质（3）很容易得到。我们接下来证明 d 满足性质（4）和性质（5）。

设 $H_S^1=\{s_m,s_{m+1},\cdots,s_n\}(-\tau\leqslant m\leqslant n\leqslant\tau)$、$H_S^2=\{s_p,s_{p+1},\cdots,s_q\}$ $(-\tau\leqslant p\leqslant q\leqslant\tau)$ 和 $H_S^3=\{s_a,s_{a+1},\cdots,s_b\}$ $(-\tau\leqslant a\leqslant b\leqslant\tau)$ 为三个任意 HFLTSs。

$$d(H_S^1,H_S^3)=\frac{1}{6\tau}\left(\,|m-a|+|n-b|+\left|\frac{m+n}{2}-\frac{a+b}{2}\right|\,\right)$$

$$\leqslant\frac{1}{6\tau}(\,|m-p|+|p-a|\,)+\frac{1}{6\tau}(\,|n-q|+|q-b|\,)$$

$$+\frac{1}{6\tau}\left(\left|\frac{m+n}{2}-\frac{p+q}{2}\right|\right)+\frac{1}{6\tau}\left(\left|\frac{p+q}{2}-\frac{a+b}{2}\right|\right)$$

$$= d(H_S^1, H_S^2) + d_{md}(H_S^2, H_S^3),$$

因此，性质（4）成立。

假设 $H_S^1 \leqslant_1 H_S^2 \leqslant_1 H_S^3$，可以得到 $n \leqslant q \leqslant b$ 和 $m \leqslant p \leqslant a$。

由于

$$d(H_S^1, H_S^3) = \frac{1}{6\tau}\left(|m-a| + |n-b| + \left|\frac{m+n}{2} - \frac{a+b}{2}\right| \right)$$

$$\geqslant \frac{1}{6\tau}\left(|m-p| + |n-q| + \left|\frac{m+n}{2} - \frac{p+q}{2}\right| \right)$$

$$= d(H_S^1, H_S^2)$$

并且

$$d(H_S^1, H_S^3) = \frac{1}{6\tau}\left(|m-a| + |n-b| + \left|\frac{m+n}{2} - \frac{a+b}{2}\right| \right)$$

$$\geqslant \frac{1}{6\tau}\left(|p-a| + |q-b| + \left|\frac{p+q}{2} - \frac{a+b}{2}\right| \right)$$

$$= d(H_S^3, H_S^2)$$

因此，性质（5）成立。

5.1.2 与传统距离的比较分析

与式（2-12）定义的距离 d_{NM} 进行比较，本节定义的距离 d 增加了评分函数值的比较，能够更有效地区分 HFLTSs。

例 5-1 假设 $S = \{s_{-3}, s_{-2}, s_{-1}, s_0, s_1, s_2, s_3\}$ 是一个语言术语集，$H_S^1 = \{s_1, s_2, s_3\}$、$H_S^2 = \{s_0, s_1, s_2\}$、$H_S^3 = \{s_2\}$ 和 $H_S^4 = \{s_3\}$ 为四个 HFLTSs，可以得到 $D_{NM}(H_S^1, H_S^2) = D_{NM}(H_S^1, H_S^3) = D_{NM}(H_S^1, H_S^4) = \frac{1}{6}$。

从提出的距离度量来看，可以得到 $d(H_S^1, H_S^2) = \frac{1}{6} > d(H_S^1, H_S^3) = \frac{1}{9}$ 和 $d(H_S^1, H_S^4) = \frac{1}{6} > d(H_S^1, H_S^3) = \frac{1}{9}$，这与人们的直觉是一致的。

此外，两种距离测度之间存在如下关系。

定理 5 – 2

设 $H_S^1 = \{s_a, s_{a+1}, \cdots, s_{a+n}\}$ 和 $H_S^2 = \{s_b, s_{b+1}, \cdots, s_{b+m}\}$ 为 $S = \{s_\alpha \mid \alpha = -\tau, \cdots, -1, 0, 1, \cdots, \tau\}$ 上的任意两个 HFLTSs，那么式（5 – 1）定义的 d 和式（2 – 12）定义的 d_{NM} 有如下关系：

若 $H_S^1 \leqslant_1 H_S^2$ 或者 $H_S^2 \leqslant_1 H_S^1$，那么 $d(H_S^1, H_S^2) = d_{NM}(H_S^1, H_S^2)$。

证明

假设 $H_S^1 \leqslant_1 H_S^2$，那么可以得到 $s_a \leqslant s_b$ 和 $s_{a+n} \leqslant s_{b+m}$。

从 $d(H_S^1, H_S^2) = \frac{1}{6\tau} \left(|m-a| + |n-b| + \left| \frac{m+n}{2} - \frac{a+b}{2} \right| \right) = \frac{1}{\tau} \left(\frac{b}{2} - \frac{a}{2} + \frac{m}{4} - \frac{n}{4} \right)$ 和 $d_{NM}(H_S^1, H_S^3) = \frac{1}{4\tau} (|m-a| + |n-b|) = \frac{1}{\tau} \left(\frac{b}{2} - \frac{a}{2} + \frac{m}{4} - \frac{n}{4} \right)$。

可以得到 $d(H_S^1, H_S^2) = d_{NM}(H_S^1, H_S^2)$。

5.1.3　性质上的比较分析

下面将讨论现有的距离测度是否满足定义 5 – 1 中的 5 个性质。我们可以得到结论：

传统距离测度 D_{hdh}（Wang et al.，2015）不满足性质（2）、性质（3）和性质（4）。

例 5 – 2　假设 $S = \{s_{-3}, s_{-2}, s_{-1}, s_0, s_1, s_2, s_3\}$ 是一个语言术语集，$H_S^1 = \{s_{-3}, s_{-2}, s_{-1}\}$、$H_S^2 = \{s_{-1}, s_0, s_1\}$ 和 $H_S^3 = \{s_1, s_2\}$ 为三个 HFLTSs，那么可以得到：

$D_{hdh}(H_S^1, H_S^2) = 0$，$D_{hdh}(H_S^2, H_S^1) \approx 0.1667$，$D_{hdh}(H_S^1, H_S^3) = 0$。

$D_{hdh}(H_S^3, H_S^1) \approx 0.4167$，$D_{hdh}(H_S^2, H_S^3) = 0$，$D_{hdh}(H_S^3, H_S^2) \approx 0.0833$。

可以看到以下结果：

$H_S^1 \neq H_S^3$，但是 $D_{hdh}(H_S^1, H_S^3) = 0$，因此，$D_{hdh}$ 不满足性质（2）；

$D_{hdh}(H_S^1, H_S^2) \neq D_{hdh}(H_S^2, H_S^1)$，因此，$D_{hdh}$ 不满足性质（3）；

$D_{hdh}(H_S^3, H_S^1) \approx 0.4167$，$D_{hdh}(H_S^3, H_S^2) \approx 0.0833$，$D_{hdh}(H_S^2, H_S^1) \approx 0.1667$，$D_{hdh}(H_S^3, H_S^1) \geqslant D_{hdh}(H_S^3, H_S^2) + D_{hdh}(H_S^2, H_S^1)$，因此，$D_{hdh}$ 不满足性质（4）。

下面将讨论，Hamming 距离测度 d_{hd} 和 Euclidean 距离测度 d_{ed}（Liao et al., 2014b）不满足性质（4）。

例 5 - 3 假设 $S = \{s_{-3}, s_{-2}, s_{-1}, s_0, s_1, s_2, s_3\}$，有一个 LTS 和三个 S 上的 HFLTSs，即 $H_S^1 = \{s_{-3}, s_{-2}, s_{-1}, s_0\}$、$H_S^2 = \{s_{-1}, s_0, s_1\}$ 和 $H_S^3 = \{s_2, s_3\}$，很容易得到：

$d_{hd}(H_S^1, H_S^2) \approx 0.1786$，$d_{hd}(H_S^1, H_S^3) \approx 0.5357$，$d_{hd}(H_S^2, H_S^3) \approx 0.3333$。

那么，$d_{hd}(H_S^1, H_S^3) > d_{hd}(H_S^1, H_S^2) + d_{hd}(H_S^2, H_S^3)$。

因此，d_{hd} 不满足性质（4）。

相似的，$d_{ed}(H_S^1, H_S^2) \approx 0.1889$，$d_{ed}(H_S^1, H_S^3) \approx 0.5486$，$d_{ed}(H_S^2, H_S^3) \approx 0.3400$。

那么，$d_{ed}(H_S^1, H_S^3) > d_{ed}(H_S^1, H_S^2) + d_{ed}(H_S^2, H_S^3)$。

因此，d_{ed} 不满足性质（4）。

定理 5 - 3

法尔科（Falcó et al., 2014）提出的 Manhattan 距离测度 d_{NM} 满足性质（1）至性质（5）。

证明

设 $H_S^1 = \{s_m, s_{m+1}, \cdots, s_n\}$（$-\tau \leqslant m \leqslant n \leqslant \tau$），$H_S^2 = \{s_p, s_{p+1}, \cdots, s_q\}$（$-\tau \leqslant p \leqslant q \leqslant \tau$）和 $H_S^3 = \{s_a, s_{a+1}, \cdots, s_b\}$（$-\tau \leqslant a \leqslant b \leqslant \tau$）为任意三个 HFLTSs。

性质（1）至性质（3）比较明显。

接下来证明 d_{NM} 满足性质（4）、性质（5）。

$$d_{NM}(H_S^1, H_S^3) = \frac{1}{4\tau}(|m-a| + |n-b|) \leqslant \frac{1}{4\tau}(|m-p| + |p-a|) +$$

$$\frac{1}{4\tau}(\mid n-q \mid + \mid q-b \mid) = d_{NM}(H_S^1, H_S^2) + d_{NM}(H_S^2, H_S^3),$$

因此，性质（4）成立。

假设 $H_S^1 \leqslant_1 H_S^2 \leqslant_1 H_S^3$，可以得到 $n \leqslant q \leqslant b$ 和 $m \leqslant p \leqslant a$。

$$d_{NM}(H_S^1, H_S^3) = \frac{1}{4\tau}(\mid m-a \mid + \mid n-b \mid) \geqslant \frac{1}{4\tau}(\mid m-p \mid + \mid n-q \mid) =$$

$d_{NM}(H_S^1, H_S^2)$

$$d_{NM}(H_S^1, H_S^3) = \frac{1}{4\tau}(\mid m-a \mid + \mid n-b \mid) \geqslant \frac{1}{4\tau}(\mid p-a \mid + \mid q-b \mid) =$$

$d_{NM}(H_S^3, H_S^2)$

因此，性质（5）成立。

上述距离测度的性质见表 5-1。

表 5-1　　　　　　　　　距离测度的比较结果

方法	性质(1)	性质(2)	性质(3)	性质(4)	性质(5)
距离测度（Wang et al., 2015）	√	×	×	×	√
距离测度（Liao et al., 2014b）	√	√	√	×	√
距离测度（Falcó et al., 2014）	√	√	√	√	√
本书提出的距离测度	√	√	√	√	√

5.2　基于 CBR 的决策模型

假设一个 MCDM 问题，其中包括一个准则集 $I = \{I_1, I_2, \cdots, I_n\}$ 和一个有限备选方案集 $X = \{X_1, X_2, \cdots, X_m\}$，决策矩阵描述为 $O = (r_{ij})_{m \times n}$，其中 r_{ij} 被描述为 HFLTS，表示备选方案 X_i 满足准则 I_j 的程度，指标权重 $W = (w_1, w_2, \cdots, w_n)$ 完全未知。该问题的目的是对备选方案进行排序或从备选方案集合 X 中选出最优方案，本书称之为原始决策问题。

在很多情况下，当 DM 面临关键的不确定决策问题时，由于时间压力或信息不确定，很难快速做出决策。在这种情况下，寻求满意的替代方案而不是最优替代方案是合理的。

假设有一个过去成功的决策案例，它由测试矩阵 $T = (t_{ij})_{1 \times n}$ 描述，其中 t_{ij} 为准则 I_j 中备选方案 A_i 的取值，用 HFLTS 表示。为了方便起见，我们称之为测试决策问题。

根据以往的成功案例，备选方案 $A = \{A_1, A_2, \cdots, A_l\}$ 具体分为 q 类，即 V_1，V_2，$\cdots$，V_q，其中 $V_i = \{A_{i1}, A_{i2}, \cdots, A_{ik_i}\}$，并且对于任何 $A_{i_s} \in V_i$ 和 $A_{i-1_k} \in V_{i-1}$，可以得到 $A_{i-1_k} > A_{i_s}$（$i = 2, 3, \cdots, q$）。假设 $A^* = (A_1^*, A_2^*, \cdots, A_n^*)$ 是 V_1 中最满意的替代方案。对于任何备选方案 $A_k = (t_{k1}, t_{k2}, \cdots, t_{kn})$，$A^*$ 和 A_k 之间的距离可以计算为：

$$d(A_k, A^*) = \sum_{j=1}^{n} w_j d(t_{kj}, A_j^*) \qquad (5-2)$$

对于任何备选方案 $A_{i_{s_i}} \in V_i$（$s_1 = \{1, 2, \cdots, k_i\}$，$i = 1, 2, \cdots, q$），$A^*$ 和 $A_{i_{s_i}}$ 之间的距离应该大于界限 R_{i-1} 但是小于 R_i。假设 $R_0 = 0$ 且 $R_q = 1$，所有阈值均为未知变量。可以用下面的数学模型来描述上述想法：

$$\sum_{j=1}^{n} w_j d(A_j^*, t_{i_s j}) - \alpha_{ii_s} < R_i$$

$$\sum_{j=1}^{n} w_j d(A_j^*, t_{i_s j}) + \beta_{ii_s} > R_{i-1}$$

其中，$0 \leqslant \alpha_{ii_s} \leqslant 1$ 且 $0 \leqslant \beta_{ii_s} \leqslant 1$ 是 DMs 对 $A_{ii_s} \in V_i$ 的不一致判断的误差调整参数。

采用优化模型（P5 - 1）得到准则和阈值的权重为：$W^* = (w_1^*, w_2^*, \cdots, w_n^*)$ $R^* = (R_1^*, R_2^*, \cdots, R_q^*)$。

$$\text{minERR} = \sum_{i=1}^{q} \sum_{i_s=1}^{k_i} \alpha_{ii_s}^2 + \beta_{ii_s}^2 \qquad (P5-1)$$

$$\text{s. t.} \sum_{j=1}^{n} w_j d(A_j^*, t_{i,j}) - \alpha_{ii_s} < R_i$$

$$\sum_{j=1}^{n} w_j d(A_j^*, t_{i,j}) + \beta_{ii_s} > R_{i-1}$$

$$w_k \geqslant 0, \sum_{k=1}^{n} w_k = 1, 0 \leqslant R_1 < R_2 < \cdots < R_q \leqslant 1$$

$$0 \leqslant \alpha_{ii_s}, \beta_{ii_s} \leqslant 1, i = 1, 2, \cdots, q, i_s = 1, 2, \cdots, k_i。$$

定理 5 - 4

优化模型（P5 - 1）至少有两个最优解 W^* 和 R^*。

由于约束构成一个凸集，目标函数是一个二次函数，定理显然成立。

接下来将处理原始决策问题。由于准则的权重 $W^* = (w_1^*, w_2^*, \cdots, w_n^*)$ 已经计算完毕，因此有大量的决策方法对其进行排序或选择，如 TOPSIS、VIKOR、ELECTRE、OWA 等。然而，上述方法很难将备选方案划分为既定的类别。事实上，增加新案例对于很多实际决策问题，比如医疗诊断、应急救援等都非常重要。因此，本章将采用一种新的方法。

备选方案 $X_i = (r_{i1}, r_{i2}, \cdots, r_{in})$（$i = 1, 2, \cdots, m$）之间的距离和最满意备选方案 $A^* = (A_1^*, A_2^*, \cdots, A_n^*)$ 计算如下：

$$d_i = \sum_{j=1}^{n} w_j^* d(r_{ij}, A_j^*) \tag{5-3}$$

分析距离 d_i 与阈值 R_j^* 的关系。如果 $R_{k-1}^* \leqslant d_i < R_k^*$，那么备选方案 $X_i = (r_{i1}, r_{i2}, \cdots, r_{in})$ 属于类别 V_k。

根据以下方法对所有备选方案 $X = \{X_1, X_2, \cdots, X_m\}$ 排序。

如果 $d_i < d_j$，那么 $X_i > X_j$。

根据上述分析，提出一种求解 MCDM 问题的方法，其中决策信息采用 HFITS 的形式，步骤如下。

步骤一：对于一个 MCDM 问题，DM 提供了决策矩阵 $O = (r_{ij})_{m \times n}$。

步骤二：根据以往的成功决策案例，建立测试决策矩阵 $T = (t_{ij})_{1 \times n}$。

步骤三：根据备选方案 $A = \{A_1, A_2, \cdots, A_l\}$ 在不同类别中的情况，找出备选方案 A^* 在第 V_1 类中的最佳方案。

步骤四：根据式（5 - 2）计算 A^* 和 A_k 之间的距离 $d(A_k, A^*)$。

步骤五：根据模型（P5 - 1）计算指标权重 W^* 和阈值 R^*。

步骤六：根据式（5 - 3）计算备选方案 X_i 和 A^* 之间的距离 d_i。

步骤七：根据 d_i 和阈值 $R^* = (R_1^*, R_2^*, \cdots, R_q^*)$，将备选方案 $X = \{X_1, X_2, \cdots, X_m\}$ 指定为 q 类。

步骤八：对所有备选方案 $X = \{X_1, X_2, \cdots, X_m\}$ 排序。

5.3 案例研究：特大型重型煤矿事故的救援决策

5.3.1 问题描述

特大型煤矿事故通常造成巨大人员伤亡和财产损失，由于缺乏精确的信息和充足的时间，快速的救援决策至关重要，但难度较大。由于矿井的特殊情况，事故的演化具有很大的不确定性，因此，DM 很少得到事故的第一手材料并邀请专家对一些救援方案进行评估。

以下针对某煤矿事故寻找满意的救援方案。根据人力、资源、资金情况，有 4 种救援方案 X_1、X_2、X_3 和 X_4。

5.3.2 决策过程

（1）专家对上述 4 个方案进行评估，并考虑以下 4 个准则，给出 HFLTS 决策矩阵 O（$\tau = 3$），见表 5 - 2。

事故状态本身（I_1），包括瓦斯浓度和爆炸的大小。

载体状态（I_2），包括系统设备的倒塌情况和损坏情况。

外部影响（I_3），包括煤尘含量、一氧化碳浓度和二氧化碳浓度。

损失情况（I_4），包括设备损坏和人员伤亡情况。

表 5 - 2　　　　　　　　　　决策矩阵 O

	I_1	I_2	I_3	I_4
X_1	$\{s_1, s_2\}$	$\{s_0, s_1\}$	$\{s_{-2}, s_{-1}, s_0\}$	$\{s_{-1}, s_0\}$
X_2	$\{s_2\}$	$\{s_{-1}, s_0\}$	$\{s_2, s_3\}$	$\{s_{-2}, s_{-1}\}$
X_3	$\{s_1\}$	$\{s_2, s_3\}$	$\{s_{-1}, s_0\}$	$\{s_1, s_2\}$
X_4	$\{s_0, s_1\}$	$\{s_{-2}, s_{-1}\}$	$\{s_0\}$	$\{s_2\}$

（2）根据以往的成功决策案例，给出了测试决策矩阵 T，见表 5 - 3。

表 5 - 3　　　　　　　　　　测试决策矩阵 T

	I_1	I_2	I_3	I_4
A_1	$\{s_0, s_1\}$	$\{s_1, s_2\}$	$\{s_0, s_1, s_2\}$	$\{s_2\}$
A_2	$\{s_{-2}, s_{-1}\}$	$\{s_1\}$	$\{s_0, s_1\}$	$\{s_2, s_3\}$
A_3	$\{s_1, s_2\}$	$\{s_{-1}, s_0\}$	$\{s_{-2}\}$	$\{s_1, s_2\}$
A_4	$\{s_3\}$	$\{s_{-2}, s_{-1}\}$	$\{s_2\}$	$\{s_0, s_1\}$
A_5	$\{s_0\}$	$\{s_0, s_1\}$	$\{s_1, s_2\}$	$\{s_{-1}, s_0\}$
A_6	$\{s_{-2}, s_{-1}, s_0\}$	$\{s_2, s_3\}$	$\{s_{-1}, s_0\}$	$\{s_1\}$
A_7	$\{s_2, s_3\}$	$\{s_2\}$	$\{s_{-2}, s_{-1}\}$	$\{s_{-2}, s_{-1}\}$
A_8	$\{s_1, s_2\}$	$\{s_0\}$	$\{s_1, s_2\}$	$\{s_{-2}, s_{-1}, s_0\}$

（3）在以往成功案例的基础上，备选方案 $A = \{A_1, A_2, A_3, A_4, A_5, A_6, A_7, A_8\}$ 被指定为 3 类，即 $V_1 = \{A_4, A_5\}$、$V_2 = \{A_1, A_3, A_7, A_8\}$ 和 $V_3 = \{A_2, A_6\}$，其中 V_1、V_2 和 V_3 分别代表"好"、"中"和"差"，最优备选方案为 $A^* = A_4$。

（4）根据式（5-2），A_i（$i=1$，2，…，8）至 A^* 之间的距离值计算见表5-4。

表5-4 A_i 至 A^* 之间的距离值

	I_1	I_2	I_3	I_4
A_1	0.42	0.5	0.17	0.25
A_2	0.75	0.42	0.25	0.33
A_3	0.25	0.17	0.67	0.17
A_4	0	0	0	0
A_5	0.5	0.17	0.08	0.17
A_6	0.67	0.67	0.42	0.08
A_7	0.08	0.58	0.58	0.33
A_8	0.25	0.25	0.08	0.25

（5）数学规划的归纳。

$$\min ERR = \sum_{i=1}^{7} (\alpha_i^2 + \beta_i^2)$$

s. t. $0.5w_1 + 0.17w_2 + 0.08w_3 + 0.17w_4 + \beta_1 > 0$;

$\quad\quad 0.5w_1 + 0.17w_2 + 0.08w_3 + 0.17w_4 - \alpha_1 < R_1$;

$\quad\quad 0.42w_1 + 0.5w_2 + 0.17w_3 + 0.25w_4 + \beta_2 > R_1$;

$\quad\quad 0.42w_1 + 0.5w_2 + 0.17w_3 + 0.25w_4 - \alpha_2 < R_2$;

$\quad\quad 0.25w_1 + 0.17w_2 + 0.67w_3 + 0.17w_4 + \beta_3 > R_1$;

$\quad\quad 0.25w_1 + 0.17w_2 + 0.67w_3 + 0.17w_4 - \alpha_3 < R_2$;

$\quad\quad 0.08w_1 + 0.58w_2 + 0.58w_3 + 0.33w_4 + \beta_4 > R_1$;

$\quad\quad 0.08w_1 + 0.58w_2 + 0.58w_3 + 0.33w_4 - \alpha_4 < R_2$;

$\quad\quad 0.25w_1 + 0.25w_2 + 0.08w_3 + 0.25w_4 + \beta_5 > R_1$;

$\quad\quad 0.25w_1 + 0.25w_2 + 0.08w_3 + 0.25w_4 - \alpha_5 < R_2$;

$\quad\quad 0.75w_1 + 0.42w_2 + 0.25w_3 + 0.33w_4 + \beta_6 > R_2$;

$\quad\quad 0.75w_1 + 0.42w_2 + 0.25w_3 + 0.33w_4 - \alpha_6 < 1$;

$$0.67w_1 + 0.67w_2 + 0.42w_3 + 0.08w_4 + \beta_7 > R_2;$$

$$0.67w_1 + 0.67w_2 + 0.42w_3 + 0.08w_4 - \alpha_7 < 1;$$

$$w_k \geqslant 0, \sum_{k=1}^{4} w_k = 1; \ 0 \leqslant R_1 < R_2 \leqslant 1; \ 0 \leqslant \alpha_i, \ \beta_i \leqslant 1 \ (i = 1, 2,$$
$\cdots, 7);$

很容易得到 $W^* = (0.19, 0.4, 0.12, 0.29)$ 和 $R^* = (0.23, 0.42)$。

（6）利用式（5 - 3），计算备选方案 X_i 与 A^* 之间的距离值：

$$d_1 = 0.25w_1 + 0.33w_2 + 0.5w_3 + 0.17w_4;$$

$$d_2 = 0.17w_1 + 0.17w_2 + 0.08w_3 + 0.33w_4;$$

$$d_3 = 0.33w_1 + 0.67w_2 + 0.42w_3 + 0.17w_4;$$

$$d_4 = 0.42w_1 + 0.33w_3 + 0.25w_4;$$

因为 $w_1 = 0.19$，$w_2 = 0.4$，$w_3 = 0.12$ 和 $w_4 = 0.29$，可以得到 $d_1 = 0.29$，$d_2 = 0.21$，$d_3 = 0.43$，$d_4 = 0.19$。

（7）由于 $R_1 = 0.23$ 和 $R_2 = 0.42$，因此可将备选方案指定为 $X_1 \in V_2$，$X_2 \in V_1$，$X_3 \in V_3$ 和 $X_4 \in V_1$。

（8）根据距离值 d_1、d_2、d_3 和 d_4，可以得到排序结果 $X_4 > X_2 > X_1 > X_3$。

5.3.3　本方法与传统方法的比较分析

为了说明本章方法的优点和特点，我们使用法哈迪尼亚（Farhadinia，2016）提出方法来解决决策问题。

步骤一，HFLTS 决策矩阵，如表 5 - 2 所示。

步骤二，用熵值法计算准则的权重。

（1）当 $\lambda = 1$，准则的权重：$w_1 = 0.26$，$w_2 = 0.26$，$w_3 = 0.2$，$w_4 = 0.28$。

（2）当 $\lambda = 2$，准则的权重：$w_1 = 0.25$，$w_2 = 0.26$，$w_3 = 0.21$，$w_4 = 0.28$。

（3）当 $\lambda = 0.5$，准则的权重：$w_1 = 0.27$，$w_2 = 0.25$，$w_3 = 0.19$，

$w_4 = 0.29$。

步骤三，计算犹豫模糊语言正理想解（HFLPIS）和犹豫模糊语言负理想解（HFLNIS）$f^+ = (\{s_2\}, \{s_2, s_3\}, \{s_2, s_3\}, \{s_2\})$，$f^- = (\{s_0, s_1\}, \{s_{-2}, s_{-1}\}, \{s_{-2}, s_{-1}, s_0\}, \{s_{-2}, s_{-1}\})$

步骤四，计算相对贴近度系数并对备选方案进行排序。

（1）当 $\lambda = 1$ 时，相对贴近度系数如下：

$\eta(X_1) = 0.34$，$\eta(X_2) = 0.44$，$\eta(X_3) = 0.67$，$\eta(X_4) = 0.38$，

排序结果为 $X_3 > X_2 > X_4 > X_1$。

（2）当 $\lambda = 2$ 时，相对贴近度系数如下：

$\eta(X_1) = 0.33$，$\eta(X_2) = 0.44$，$\eta(X_3) = 0.67$，$\eta(X_4) = 0.38$，

排序结果为 $X_3 > X_2 > X_4 > X_1$。

（3）当 $\lambda = 0.5$，相对贴近度系数如下：

$\eta(X_1) = 0.34$，$\eta(X_2) = 0.43$，$\eta(X_3) = 0.68$，$\eta(X_4) = 0.39$，

排序结果为 $X_3 > X_2 > X_4 > X_1$。

很容易发现，本章方法得到的排序结果与法哈迪尼亚（2016）方法得到的排序结果有一定的差异，主要原因如下。

（1）获取准则权重的方法不同。本章主要是利用 CBR 方法根据测试决策矩阵获得准则的权重。法哈迪尼亚（2016）提出方法中获取准则权重的途径主要是针对 HFLTS 采用熵权法。本章提出的方法同时考虑了决策信息和过去的成功经验，而法哈迪尼亚（2016）提出方法只考虑了决策信息。此外，法哈迪尼亚（2016）提出的方法依赖于参数的取值，具有很大的随机性，导致决策结果不稳定。

（2）上述两种方法存在不同的信息聚合技术。本章提出的方法在测试决策问题中根据备选方案与满意备选方案之间的距离来聚合备选方案的决策信息，而法哈迪尼亚（2016）提出方法则采用 TOPSIS 方法对备选方案进行排序。本章提出的方法不仅可以对备选方案进行排序，而且可以将其指定为既定的类别，这更加有意义，因为它可以添加成功的决策案例，进而在未来提供更好的指导。

5.4　结　　论

显然，HFLTS 是刻画人们犹豫情绪的有效工具，在决策问题中得到了广泛的应用。本章对已有的距离测度进行了总结，提出了一个新的公理化定义和 HFLTS 的距离测度。基于新的距离测度，建立了基于 CBR 的数学规划模型，根据测试决策信息计算准则权重和分类阈值，然后根据得到的准则权重和分类阈值对备选方案进行分类和排序。最后，本章对一起特大型重型煤矿事故案例进行了分析，验证了所提出方法的可行性。

■ 第 6 章 ■

概率语言信息案例推理
决策方法及应用

为实现到 2020 年全国消除贫困的目标，我国在 2013 年提出了具体的精准扶贫政策。一个合适的评价机制是衡量这一重要政策效果的关键。由于贫困家庭信息的内在不确定性，本书使用语言术语集（LTS）来表达专家的意见，所有专家的聚合信息可以被描述为概率语言术语集（PLTSs）。本章提出了一种新的基于案例的推理方法来对贫困家庭进行排序和聚类，该方法同时考虑了决策数据和专家经验。首先，提出了一种考虑专家有限理性的 PLTS 偏好值函数。其次，提出了一种 DEMATEL（决策试验与评价实验室）方法，用于分析评价指标之间的关系，找出评价体系中的关键因素。为了说明提出方法的过程，本章将该方法应用到一个内蒙古村庄的真实案例中，在此基础上对 21 个贫困家庭进行了排序和聚类，并对影响评价体系的关键因素进行了分析。

6.1 研究背景分析

贫困是一个严重的社会问题，不仅在中国，而且在世界上大多数发展中国家都存在这种现象（Liu et al.，2017；Guo et al.，2019）。新中国成立以来，中央政府根据不同时期评估的贫困人口需求，大力开展了扶贫工作（Liu et al.，2018b；Liu et al.，2019b）。2013 年，中国政府提出了到 2020 年消除贫困、保障建设"小康社会"的精准扶贫政策。消除贫困的政策目标是将传统的区域层面的措施转变为更微观的措施，直接作用于村庄和家庭层面，这旨在提高脱贫措施的效率（Wang et al.，2007；Liu et al.，2019b）。大量文献对中国的精准扶贫政策进行了研究。如从农户视角分析相关因素对精准扶贫的影响（Gao et al.，2017），指出土地政策创新是促进扶贫的关键因素之一（Zhou et al.，2018），发展小型旅游企业可以有效缓解当地贫困人口的贫困水平（Liang and Bao，2018b）。有学者研究了农村普惠金融措施与多维减贫的关系（Yang and Fu，2019）。有学者基于空间方法研究了中国扶贫项目政策的有效性，发现开发光伏项目对扶贫项目的有效性做出了巨大贡献，但在农村地区存在三个特定的制约因素（Zhu et al.，2019）。有学者研究了河北省精准扶贫的实践工作，指出精准扶贫政策可以解决孤岛效应（Guo et al.，2019）。有学者从耕地利用转型的角度对湖北省 16 个县进行了分析（Xiang et al.，2019）。有学者基于 2017 年中国 628 个县的数据，研究了农村贫困依然存在的原因（Dunford et al.，2019）。

　　通过政策效应看到了贫困问题的迅速变化，大量人口摆脱了贫困，为增强这一效应，中国政府提出了扶贫退出机制，保障贫困家庭脱贫。对贫困家庭的评价是该机制的关键，涉及对经济、教育和保健等相关指标，然而，关于贫困家庭的评价和分类的研究较少。

　　贫困家庭状况的评价可以看作一个多指标决策问题。此外，与贫困相关的退出机制明确指出，需要将贫困家庭分为三类：一是已脱离贫困的家庭，二是贫困家庭，三是未确定家庭。换句话说，评估的任务既包括对家庭进行单独的排序，也包括将它们归为三类之一。

　　在评估过程中，专家们可能不喜欢用清晰的数字来表达他们的意见，因为归类标准的主观性很强。语言信息（Zadeh，1975），如"好"和"坏"，可以更好地让专家表达他们的意见。有很多关于使用语言信息做决策的研究（Zavadskas et al.，2019；Pamucar et al.，2019）。此外，由于总是有多名专家参与到评价过程中，我们可以将不同专家的信息聚合为一个概率语言术语集（PLTS）（Pang et al. 2016）。

在评价过程中，有大量的贫困家庭需要进行聚类和排序，指标权重和专家偏好通常未知，但指标权重和专家偏好都非常重要，对排序和聚类结果有显著影响。基于案例的推理方法（Chen et al. 2008）是一种利用过去或典型数据集解决大群体决策问题的有效方法，可以有效地解决基于决策数据和专家经验获取指标权重的问题。此外，基于案例的推理方法可以根据过去的成功案例或典型案例将备选方案聚类不同的类别。传统的基于案例的推理方法通常使用实数评价信息（Chen et al. 2008），学者们提出了一种基于直觉模糊信息的案例推理方法（Li et al.，2017）和犹豫模糊语言信息的应急案例推理模型（Li and Wei，2018）。然而，目前针对 PLTS 的基于案例的推理方法尚不多见，因此，本章将提出一种新的基于 PLTS 的案例推理方法来解决贫困家庭的评估问题。

评估贫困家庭本身并不是目的，我们需要找出相关标准是如何相互影响的，以及导致贫困的关键因素。决策试验与评价实验室（DE-MATEL）法是根据专家对各指标之间的评价，利用直接影响矩阵分析各指标之间关系的有效方法。DEMATEL 方法可以帮助决策者找到导致贫困的原因因素和结果因素，从而获得克服贫困的关键因素并提出对策。对于不同类型的信息，有不同的 DEMATEL 方法，如灰色 DE-MATEL（Wei et al. 2019）、D 数 DEMATEL（Zhou et al. 2017b）和区间犹豫模糊 DEMATEL（Asan et al. 2018）。在对贫困家庭进行评估后，需要分析指标之间复杂的因果关系。因此，本书提出一种新的概率语言信息的 DEMATEL 方法来寻找影响评价体系的关键因素。

基于以上分析，采用基于案例的推理方法对贫困家庭进行评价，并将其分为三类。此外，我们将利用 DEMATEL 方法分析不同因素（标准）之间的关系，找出导致贫困家庭贫困的关键因素。基于上述理论分析，政府可以出台相关政策，帮助贫困家庭有效克服贫困。

本章内容的主要创新如下。

（1）利用前景理论的思想，提出了一种将不确定信息转化为偏好值的新方法，通过考虑专家的有限理性，将不确定信息转化为实数，并利用基于案例的推理方法对方案进行排序和聚类。

（2）建立了一种新的基于 PLTS 的案例推理模型，该模型既考虑决策数据，又考虑专家的偏好，能够将备选方案聚类为不同的类别。

（3）针对贫困家庭评价的内在困难，提出聚类排序方法，引入 DEMATEL 方法分析影响评价体系的关键因素。能够帮助政府评估贫困家庭问题，制定相关政策，帮助贫困家庭克服贫困。

6.2　基本理论

6.2.1　概率语言术语集

由于社会的复杂性，专家们可能更愿意使用"好"和"差"来表达他们的意见，而不是干脆的数字。一个下标对称语言术语集（Xu，2005）可表示为：

$$S = \{ s_t \mid t = -\tau, \cdots, 0, \cdots, \tau \} \tag{6-1}$$

其中，s_0 表示"无差异"，如果 $i > j$，则 $s_i > s_j$；$2\tau + 1$ 称为 S 的粒度。

在许多情况下，专家在使用他们的语言时犹豫不决，可能希望使用更多术语来表达他们的意见。特别是在群体决策过程中，不同的专家可能会用不同的术语表达不同的意见。例如，如果有三位专家来评估一辆车，他们的评价可能从"好"到"差"，为了解决这个问题，提出了 PLTS 的定义（Pang et al.，2016），学界现已有很多关于 PLTS 的研究。在运算法则方面，有学者提出了 PLTS 的一些基本运算法则（Pang et al.，2016）；基于两个映射函数改进了 PLTS 的运算法则（Gou and Xu，2016b）；提出了 PLTS 的新的运算法则（Liao et al.，2019a），并利用它们制定了 PLTS 的 ELECTRE（法语：ELimination et Choix Traduisant la REalité）方法。在聚合算子中，有学者引入了 Muirhead

均值算子（Liu and Teng, 2018a）；有学者研究了 PLTS 的 Hamacher 加权平均算子（Mao et al., 2019）。在决策方法方面，有学者提出了一种基于概率语言偏好关系的群体决策问题一致性检验方法（Zhang et al., 2017）；有学者开发了一种用于 PLTS 的 ORESTE（法语：organísation, arrangement et Synthèsede données relarionnelles）方法（Wu and Liao, 2018）；有学者提出了一种基于 PLTS 的 TODIM（交互式和多属性决策，葡萄牙文缩写）方法，并将其应用于在线产品评论（Liu and Teng, 2019b）；也有学者从证据理论的角度研究了概率语言信息应急决策方法（Li and Wei, 2019）。PLTS 的基本定义如下。

定义 6 –1（PLTS）（Pang et al. 2016）

设 $S = \{s_t \mid t = -\tau, \cdots, 0, \cdots, \tau\}$ 是一个语言术语集，则 S 的一个概率语言术语集可以定义为：$L(p) = \{L^k(p^k) \mid L^k \in S, 0 \leqslant p^k \leqslant 1, k = 1, 2, \cdots, \#L(p), \sum_{k=1}^{\#L(p)} p^k \leqslant 1\}$，

其中，$\#L(p)$ 为 $L(p)$ 中语言项的个数，$L^k(p^k)$ 为与其概率 p^k 相关的语言项 L^k。

例 6 –1 设 $S = \{s_{-2}, s_{-1}, s_0, s_1, s_2\}$ 是一个语言术语集，则 $L_1(p) = \{s_{-2}(0.4), s_0(0.3), s_1(0.3)\}$ 和 $L_2(p) = \{s_1(0.3), s_2(0.5)\}$ 是一个概率语言术语集。

在许多情况下，可能存在 $\sum_{k=1}^{\#L(p)} p^k < 1$，如例 6 –1 中 $L_2(p)$，这意味着存在部分无知信息。为了消除无知信息，可以采用定义 6 –2 的归一化方法。

定义 6 –2（Pang et al. 2016）

设 $L(p)$ 是概率语言术语集，其中 $\sum_{k=1}^{\#L(p)} p^k < 1$，则归一化 PLTS 可定义为：

$$\dot{L}(p) = \{L^k(\tilde{p}^k) \mid k = 1, 2, \cdots, \#L(p)\} \qquad (6-2)$$

其中，对于 $k = 1, 2, \cdots, \#L(p)$，有 $\tilde{p}^k = p^k / \sum_{k=1}^{\#L(p)} p^k$。

例 6 – 2 根据式（6 – 2），可以将例 6 – 1 中的 $L_2(p) = \{s_1$
$(0.3), s_2(0.5)\}$ 变换为规范化的 PLTS，即 $\dot{L}_2(p) = \{s_1(0.38), s_2$
$(0.62)\}$。

为了方便表示，本章仍然将规范化 PLTS 表示为 $L(p)$。

6.2.2 多准则决策分析

多准则决策分析的基本框架（Chen et al., 2008）可归纳如下：

（1）存在一个有限备选方案集 $A = \{A_1, A_2, \cdots, A_m\}$ 和一个准则集
$C = \{C_1, C_2, \cdots, C_n\}$；

（2）存在决策矩阵 $D = (d_{ij})_{m \times n}$，其中 d_{ij} 为 PLTS，表示方案 A_i 满
足准则 $C_j(i = 1, 2, \cdots, m, j = 1, 2, \cdots, n)$ 的程度；

（3）对备选方案 A_1，A_2，$\cdots$，A_m 进行排序或将它们聚集到不同
的类别 V_1，V_2，$\cdots$，V_p（$p \geq 2$）中。

影响决策结果的两个关键因素是专家偏好和指标权重。专家偏好
用于判断心理因素和决策矩阵 D。我们可以用偏好值函数 $v(d_{ij})$ 来表
示专家对评价值的偏好 d_{ij}，则 A_i 的偏好值向量表示为 $v(A_i) =$
$(v(d_{i1}), v(d_{i2}), \cdots, v(d_{in}))$。设指标权重为 $w = (w_1, w_2, \cdots, w_n)$，则 A_i
的偏好值可表示为：

$$V(A_i) = G(v(A_i), w) \tag{6 – 3}$$

6.3 一种新的 PLTS 偏好值函数

在本节中，我们将基于前景理论的思想，提出一种考虑专家有限
理性的 PLTS 偏好值函数（Kahneman and Tversky, 1979）。对于一个评

价值，不同的专家可能会根据他们的风险偏好做出不同的主观判断。偏好值函数是将评价值转化为偏好值的有效方法。

对于给定的一个概率语言项集 L(p)，两个关键因素包括语言术语及其概率影响偏好值函数 v(L(p))。基于前景理论的思想，语言术语的价值函数与"相对价值"相关，即价值函数不仅由评价值决定，还由参考点决定。因此，我们提出一种新的语言术语值函数。

定义 6 - 3

设 $S = \{s_t \mid t = -\tau, \cdots, 0, \cdots, \tau\}$ 为语言术语集，则可将语言术语 s_t 的价值函数定义为：

$$Q(s_t) = \begin{cases} \left(\dfrac{t-\mu}{2\tau}\right)^{\alpha}, & \text{if } t \geqslant \mu \\[2mm] -\theta\left(\dfrac{\mu-t}{2\tau}\right)^{\beta}, & \text{if } t < \mu \end{cases} \qquad (6-4)$$

其中，$\alpha \in [0,1]$ 和 $\beta \in [0,1]$ 为专家的风险偏好态度系数，$\theta > 0$ 为风险厌恶参数，$\mu \in [-\tau, \tau]$ 为专家提供的参考点 s_μ 的下标。

定理 6 - 1

给定一个语言术语集 $S = \{s_t \mid t = -\tau, \cdots, 0, \cdots, \tau\}$，对于任何语言术语 s_t 和参考点 s_μ，价值函数 $Q(s_t)$ 满足 $-\theta \leqslant Q(s_t) \leqslant 1$。

证明

（1）当 $t \geqslant \mu$ 时，有 $Q(s_t) = \left(\dfrac{t-\mu}{2\tau}\right)^{\alpha}$。

由 $-\tau \leqslant t \leqslant \tau$ 且 $-\tau \leqslant \mu \leqslant \tau$，很容易得到 $0 \leqslant t-\mu \leqslant 2\tau$，则有 $0 \leqslant \dfrac{t-\mu}{2\tau} \leqslant 1$。

由 $\alpha \in [0,1]$，可得到 $0 \leqslant \left(\dfrac{t-\mu}{2\tau}\right)^{\alpha} \leqslant 1$。

（2）当 $t < \mu$ 时，有 $Q(s_t) = -\theta\left(\dfrac{\mu-t}{2\tau}\right)^{\beta}$，可以得到 $0 \leqslant \dfrac{\mu-t}{2\tau} \leqslant 1$。

由 $\beta \in [0,1]$，可以得到 $0 \le \left(\dfrac{\mu - t}{2\tau}\right)^{\beta} \le 1$。

因此 $-\theta \le Q(s_t) = -\theta\left(\dfrac{\mu - t}{2\tau}\right)^{\beta} \le 0$。

根据上述分析，可以得到 $-\theta \le Q(s_t) \le 1$。

定理 6 - 2

价值函数满足以下四个性质：

（1）$Q(s_t)$ 是变量 t 的单调递增函数；

（2）当 $t = \mu$ 时，有 $Q(s_t) = 0$；

（3）当 $\mu = -\tau$ 且 $t = \tau$ 时，则 $Q(s_t) = 1$；

（4）当 $\mu = \tau$ 且 $t = -\tau$ 时，则 $Q(s_t) = -\theta$。

例 6 - 3　设 $S = \{s_{-3}, s_{-2}, s_{-1}, s_0, s_1, s_2, s_3\}$ 是一个语言术语集，参

考点为 s_1。那么语言术语 s_t 的价值函数为 $Q(s_t) = \begin{cases} \left(\dfrac{t-1}{6}\right)^{\alpha}, & \text{if } t \ge 1 \\ -\theta\left(\dfrac{1-t}{6}\right)^{\beta}, & \text{if } t < 1 \end{cases}$。

定义 6 - 4

设 $S = \{s_t \mid t = -\tau, \cdots, 0, \cdots, \tau\}$ 为一个语言术语集，$L(p)$ 是 S
上规范化的概率语言术语集。则 $L(p)$ 的偏好值函数可定义为：

$$v(L(p)) = \sum_{k=1}^{\#L(p)} Q(L^k) e(p^k) \qquad (6-5)$$

其中，$Q(L^k) = \begin{cases} \left(\dfrac{\sigma(L^k) - \mu}{2\tau}\right)^{\alpha}, & \text{if } \sigma(L^k) \ge \mu \\ -\theta\left(\dfrac{\mu - \sigma(L^k)}{2\tau}\right)^{\beta}, & \text{if } \sigma(L^k) < \mu \end{cases}$，$\sigma(L^k)$ 是 L^k 的下

标，且 $e(p^k) = \dfrac{(p^k)^{\gamma}}{((p^k)^{\gamma} + (1-(p^k))^{\gamma})^{1/\gamma}}$（$\gamma > 0$）为风险增益态度系数。

定理 6 – 3

设 $S = \{s_t \mid t = -\tau, \cdots, 0, \cdots, \tau\}$ 为一个语言术语集，$L(p)$ 是 S 上规范化的概率语言术语集，则偏好价值函数 $v(L(p))$ 满足 $-\theta \cdot \#L(p) \leqslant v(L(p)) \leqslant \#L(p)$。

证明

由 $p^k \in [0,1]$，可以得到 $e(p^k) \geqslant 0$。

根据式（6 – 5），可以得到 $-\theta \sum_{k=1}^{\#L(p)} e(p^k) \leqslant \sum_{k=1}^{\#L(p)} Q(L^k) e(p^k) \leqslant \sum_{k=1}^{\#L(p)} e(p^k)$。

此外，因为 $p^k \in [0,1]$，易知 $e(p^k) \leqslant 1$，因此可以得到

$-\theta \cdot \#L(p) \leqslant \sum_{k=1}^{\#L(p)} Q(L^k) e(p^k) \leqslant \#L(p)$。

可以看出，PLTS 的偏好价值函数考虑了参考点和偏好态度系数两个因素，使专家能够灵活地处理现实决策问题。

例 6 – 4 假设 $S = \{s_{-3}, s_{-2}, s_{-1}, s_0, s_1, s_2, s_3\}$ 是一个语言术语集，$L(p) = \{s_{-1}(0.5), s_0(0.5)\}$ 是 S 上一个概率语言术语集，参考点为 s_1。选择 $\alpha = \beta = 0.88$，$\theta = 2.25$，$\gamma = 0.61$，则 $L(p)$ 的偏好值为：

$$v(L(p)) = -2.25 \times \left(\frac{1 - (-1)}{6}\right)^{0.88} \times \frac{0.5^{0.61}}{(0.5^{0.61} + 0.5^{0.61})^{1/0.61}}$$

$$-2.25 \times \left(\frac{1-0}{6}\right)^{0.88} \times \frac{0.5^{0.61}}{(0.5^{0.61} + 0.5^{0.61})^{1/0.61}}$$

$$= -0.55$$

6.4 一种基于案例的概率语言术语集推理方法

在本节中，我们将介绍一种新的基于案例的概率语言术语集推理方法，该方法使用概率语言术语集的偏好值函数。

6.4.1　决策问题描述

评价"贫困家庭"问题，评价指标集为 $C = \{C_1, C_2, \cdots, C_n\}$，备选方案（贫困家庭）集为 $A = \{A_1, A_2, \cdots A_m\}$，标准权重 $w = (w_1, w_2, \cdots, w_n)$ 是完全未知的。决策矩阵为 $D = (d_{ij})_{m \times n}$，其中 d_{ij} 为概率语言术语集，表示备选方案 A_i 满足准则 C_j $(i = 1, 2, \cdots, m, \ j = 1, 2, \cdots, n)$ 的程度。评价目标是对替代方案进行排序，并将它们聚集到预先设置的类别中。

在实际的评估过程中，备选方案的数量通常很大，此外，获取标准权重和专家偏好通常是困难的，因此，对所有备选方案进行排序和群集可能是困难和耗时的。然而在许多情况下，专家可以很容易地归纳出一些可能的备选方案，我们称这些替代方案为典型替代方案。基于案例的推理方法是根据典型方案对所有方案进行排序和聚类的有效方法。

假设典型替代方案的备选集 $T = \{T_1, T_2, \cdots, T_q\}$，其中 $T \subset A$。这些典型替代方案按照标准 C_1，C_2，$\cdots$，C_n 形成一个测试决策矩阵 $F = (f_{ij})_{q \times n}$。对于 $V_s = \{T_1^s, T_2^s, \cdots, T_{n_s}^s\}$ $(s = 1, 2, \cdots, p)$，专家可以很容易地将替代方案 T_1，T_2，$\cdots$，T_q 归类为 V_1，V_2，$\cdots$，V_p，其中当 $i \neq j$ 时，$V_1 \cup V_2 \cup \cdots \cup V_p = T$ 且 $V_i \cap V_j = \Phi$。假设 $V_1 > V_2 >$，$\cdots$，$> V_p$ 是优势关系，我们将其称为测试决策问题。

6.4.2　一种基于案例的 PLTS 推理方法

首先，专家在类别 V_1 中确定一个最优方案 T^*。如果专家不能确定最优方案，则选择 V_1 中任意一个方案。T^* 的评估值向量表示为 $T^* = (t_1^*, t_2^*, \cdots, t_n^*)$，其中 t_j^* $(j = 1, 2, \cdots, n)$ 是一个概率语言术语集。根据式（6 - 5）计算偏好值向量 $v(T^*) = (v(t_1^*), v(t_2^*), \cdots, v(t_n^*))$。

然后，根据式（6-5）计算偏好值向量 $v(T_k) = (v(f_{k1}), v(f_{k2}), \cdots, v(f_{kn}))(k=1,2,\cdots,q)$。设类别 V_1，V_2，$\cdots$，V_p 的聚类半径值为 $R = (R_1, R_2, \cdots, R_p)$，其中 $0 \leqslant R_1 < R_2 < \cdots < R_p \leqslant 1$。计算 T^* 和 T_k 在准则 C_j 下之间的距离：

$$d_j(T^*, T_k) = \frac{(v(t_j^*) - v(f_{kj}))^2}{\max\limits_{i \neq k}\{(v(d_{ij}) - v(d_{kj}))^2\}} \qquad (6-6)$$

可以得到 T^* 和 T_k 之间的距离：

$$d(T^*, T_k) = \sum_{j=1}^{n} w_j d_j(T^*, T_k) \qquad (6-7)$$

对于备选方案 T_k，可以得到以下规则：

规则（a1）如果 $T_k \in V_1$，则 $0 \leqslant d(T^*, T_k) < R_1$；

规则（a2）如果 $T_k \in V_p$，则 $R_{p-1} \leqslant d(T^*, T_k) \leqslant 1$；

规则（a3）如果 $T_k \in V_s$（$1 < s < p$），则 $R_{s-1} \leqslant d(T^*, T_k) \leqslant R_s$。

因此，可以建立一个数学规划模型（P6-1）来计算聚类半径 R_1，R_2，$\cdots$，R_p 和准则权值 $w = (w_1, w_2, \cdots, w_n)$。这里假设 $R_0 = 0$，$R_p = 1$。

$$\min ERR = \sum_{s=1}^{p} \sum_{k=1}^{n_s} (\varepsilon_k^s)^2 + (\rho_k^s)^2 \qquad (P6-1)$$

$$\text{s. t. } \sum_{j=1}^{n} w_j d_j(T^*, T_k^s) + \varepsilon_k^s > R_{s-1},$$

$$\sum_{j=1}^{n} w_j d_j(T^*, T_k^s) - \rho_k^s < R_s,$$

$$0 \leqslant R_1 < R_2 < \cdots < R_p \leqslant 1,$$

$$0 \leqslant \varepsilon_k^s \leqslant 1, 0 \leqslant \rho_k^s \leqslant 1,$$

$$0 \leqslant w_j \leqslant 1, \sum_{j=1}^{n} w_j = 1,$$

$$k = 1, 2, \cdots, n_s, s = 1, 2, \cdots, p$$

很容易得到模型（P6-1）至少有一个最优解 $w^* = (w_1^*, w_2^*, \cdots, w_n^*)$ 和 $R^* = (R_1^*, R_2^*, \cdots, R_p^*)$。

回到最初的决策问题。对于备选方案 A_i（$i = 1, 2, \cdots, m$），根据式（6-5）可计算其偏好值向量为 $v(A_i) = (v(d_{i1}), v(d_{i2}), \cdots, v(d_{in}))$。基于式（6-6）和式（6-7），可以计算 A_i 与 T^* 之间的距离为 $d(A_i, T^*) = \sum_{j=1}^{n} w_j^* d_j(A_i, T^*)$。

将备选方案按照以下规则聚类：

规则（b1）：如果 $0 \leqslant d(A_i, T^*) < R_1$，则 $A_i \in V_1$；

规则（b2）：如果 $R_{s-1} \leqslant d(A_i, T^*) < R_s (1 < s < p)$，则 $A_i \in V_s$；

规则（b3）：如果 $R_{p-1} \leqslant d(A_i, T^*) \leqslant 1$，则 $A_i \in V_p$。

我们也可以通过以下规则得到排序规则：

规则（c1）：如果 $d(A_i, T^*) < d(A_u, T^*)$，则 $A_i > A_u$；

规则（c2）：如果 $d(A_i, T^*) = d(A_u, T^*)$，则 $A_i \sim A_u$；

规则（c3）：如果 $d(A_i, T^*) > d(A_u, T^*)$，则 $A_i < A_u$。

基于以上分析，我们得出决策过程如下。

步骤一：确定备选集 A 和标准集 C，专家以决策矩阵 D 的形式表达他们的意见。

步骤二：专家选取典型方案集 T 和评判标准 C_j 的参考点 s_{μ_j}，确定测试决策矩阵 F，将典型方案聚类为 V_1，V_2，$\cdots$，V_p。

步骤三：在类别 V_1 中确定一个最佳备选方案 T^*。

步骤四：根据式（6-5），计算偏好值向量 $v(T^*) = (v(t_1^*), v(t_2^*), \cdots, v(t_n^*))$ 和 $v(T_k) = (v(f_{k1}), v(f_{k2}), \cdots, v(f_{kn}))$（$k = 1, 2, \cdots, q$）。

步骤五：根据式（6-6）、式（6-7），计算 T^* 与 T_k 之间的距离 $d(T^*, T_k) = \sum_{j=1}^{n} w_j d_j(T^*, T_k)$。

步骤六：根据规则（a1）至规则（a3）和数学规划模型（P6-1），计算最优准则权值 $w^* = (w_1^*, w_2^*, \cdots, w_n^*)$ 和聚类半径 $R^* = (R_1^*, R_2^*, \cdots, R_p^*)$。

步骤七：根据式（6-5）计算 A_i 的偏好值向量 $v(A_i) = (v(d_{i1}), v(d_{i2}), \cdots, v(d_{in}))$。

步骤八：根据式（6-6）、式（6-7），计算 $A_i(i = 1,2,\cdots,m)$ 与 T^* 的距离 $d(A_i, T^*) = \sum_{j=1}^{n} w_j^* d_j(A_i, T^*)$。

步骤九：按照规则（b1）至规则（b3）将备选项 A_i 聚类到某个类别，并根据规则（c1）至规则（c3）对备选方案进行排序。

6.5　一种新的基于概率语言信息的 DEMATEL 方法

为了分析不同评价标准之间的关系，找出影响评价体系的关键因素，本章提出了一种基于概率语言信息的 DEMATEL 新方法，其主要分析过程可以描述为 6 个步骤。

（1）确定初始直接影响关系矩阵 N。

让专家使用语言术语集 S 评估标准 C_i 和 C_j（$i = 1, 2, \cdots, n$，$j = 1, 2, \cdots, n$）之间的关系，并得到一个初始直接影响矩阵 $N = (n_{ij})_{n \times n}$，其中 n_{ij} 是 S 的概率语言术语集。

（2）在式（6-5）的基础上，将概率语言术语集变换为 n_{ij} 的偏好值函数 $v(n_{ij})$。

将偏好值函数矩阵表示为 $M = (m_{ij})_{n \times n}$，应该注意，元素 $m_{ij} = v(n_{ij})$ 是一个实数。

（3）将偏好值函数矩阵 M 归一化为 K。

设 $\varpi = \max\left\{\max\left\{\sum_{j=1}^{n} m_{ij}\right\}, \max\left\{\sum_{i=1}^{n} m_{ij}\right\}\right\}$，将矩阵 M 标准化为 $K = (k_{ij})_{n \times n}$，其中 $k_{ij} = \dfrac{m_{ij}}{\varpi}(i = 1,2,\cdots,n, j = 1,2,\cdots,n)$。

（4）获得综合影响关系矩阵 Z。在矩阵 K 的基础上，计算出总关系矩阵 $Z = (z_{ij})_{n \times n}$ 为：

$$Z = K + K^2 + \cdots = K(I - K)^{-1} \qquad (6-8)$$

（5）根据矩阵 Z，计算行与列的和：

$$r_i = \sum_{j=1}^{n} z_{ij} \tag{6-9}$$

$$c_j = \sum_{i=1}^{n} z_{ij} \tag{6-10}$$

（6）对标准的因果关系进行分析。

$r_i + c_i$ 表示准则 C_i 的重要性，$r_i - c_i$ 表示准则 C_i 的净效应。当 $r_i - c_i > 0$ 时，标准 C_i 是一个原因因素；否则，C_i 就是结果因素。

6.6　案例研究

在本节中，我们将利用前文介绍的方法解决一个与内蒙古某村庄有关的实际评价问题。采用基于案例的推理方法对贫困家庭进行评价，并将其划分为三类，并与传统的 TOPSIS 方法进行比较。然后，使用 DEMATEL 方法对标准之间的关系进行分析，得到影响家庭贫困的关键因素，并提出克服贫困的政策建议。

6.6.1　决策问题描述

建立有效的扶贫脱贫机制，这个过程需要一个有效的评估方法来决定两个问题，一是哪些社区和家庭不再需要留在目标扶贫项目内，二是哪些社区和家庭仍然需要帮助，因此应该留在项目内。根据相关文件，申请人须符合以下四项准则。

C_1：人们不用担心衣食，也不用担心饮水安全（简称衣食无忧）。

C_2：所有农户都要有住房保障（简称住房保障）。

C_3：所有农户适龄儿童都要接受义务教育（简称义务教育）。

C_4：所有农民必须能够看到并负担得起医生的基本医疗照顾（简称基本医疗）。

内蒙古实施的精准扶贫政策已经使二十余万贫困人口实现脱贫，但内蒙古农村仍存在贫困家庭。本书利用所提出的方法，解决了内蒙古某村贫困家庭的评价问题。本例中有 21 个贫困家庭需要评估，表示为 $A = \{A_1, A_2, \cdots, A_{21}\}$。来自政府、大学和评估机构的 10 位专家应邀对这 21 个备选方案进行了评估。

因为 C_1，C_2，C_3 和 C_4 这些标准是主观的，专家们使用语言术语集 $S = \{s_{-3}:极差, s_{-2}:很差, s_{-1}:差, s_0:一般, s_1:好, s_2:很好, s_3:极好\}$ 来评估四个标准下的选择。通过收集评价信息，我们可以使用以下决策矩阵（见表 6 - 1）来表达结果。主要目的是将 21 种备选方案分为 3 类：V_1（需要退出计划的备选方案）、V_2（不确定退出或保留计划的备选方案）和 V_3（需要保留计划的备选方案）。

6.6.2　决策过程

（1）一个由高校、政府和科研机构专家组成的评估组，根据 4 个标准对 21 个备选方案进行了评估。经过数据处理，决策矩阵如表 6 - 1 所示。

表 6 - 1　　　　　　决策矩阵 D

	C_1	C_2	C_3	C_4
A_1	$(s_2, 0.4)$ $(s_3, 0.6)$	$(s_1, 0.56)$ $(s_2, 0.44)$	$(s_{-1}, 0.2)$ $(s_1, 0.8)$	$(s_0, 0.38)$ $(s_2, 0.62)$
A_2	$(s_1, 0.3)$ $(s_2, 0.7)$	$(s_0, 0.5)$ $(s_2, 0.5)$	$(s_1, 0.4)$ $(s_2, 0.6)$	$(s_{-1}, 0.2)$ $(s_1, 0.8)$
A_3	$(s_1, 0.33)$ $(s_2, 0.67)$	$(s_{-2}, 0.38)$ $(s_{-1}, 0.62)$	$(s_2, 0.5)$ $(s_3, 0.5)$	$(s_{-1}, 0.3)$ $(s_0, 0.7)$
A_4	$(s_{-1}, 0.3)$ $(s_0, 0.3)$ $(s_1, 0.4)$	$(s_2, 0.43)$ $(s_3, 0.57)$	$(s_0, 0.5)$ $(s_1, 0.5)$	$(s_1, 0.8)$ $(s_2, 0.2)$

	C_1	C_2	C_3	C_4
A_5	$(s_{-2},\ 0.4)$ $(s_1,\ 0.6)$	$(s_1,\ 0.44)$ $(s_2,\ 0.56)$	$(s_1,\ 0.3)$ $(s_2,\ 0.7)$	$(s_{-1},\ 0.4)$ $(s_1,\ 0.6)$
A_6	$(s_0,\ 0.6)$ $(s_1,\ 0.4)$	$(s_1,\ 0.5)$ $(s_2,\ 0.5)$	$(s_{-1},\ 0.3)$ $(s_0,\ 0.7)$	$(s_1,\ 0.2)$ $(s_2,\ 0.8)$
A_7	$(s_1,\ 0.6)$ $(s_2,\ 0.4)$	$(s_{-3},\ 0.1)$ $(s_{-2},\ 0.3)$ $(s_{-1},\ 0.6)$	$(s_0,\ 0.3)$ $(s_1,\ 0.7)$	$(s_1,\ 0.5)$ $(s_2,\ 0.5)$
A_8	$(s_1,\ 0.56)$ $(s_2,\ 0.44)$	$(s_{-2},\ 0.5)$ $(s_{-1},\ 0.5)$	$(s_1,\ 0.6)$ $(s_2,\ 0.4)$	$(s_1,\ 0.7)$ $(s_2,\ 0.3)$
A_9	$(s_{-1},\ 0.6)$ $(s_0,\ 0.4)$	$(s_1,\ 0.8)$ $(s_2,\ 0.2)$	$(s_0,\ 0.6)$ $(s_1,\ 0.4)$	$(s_0,\ 0.5)$ $(s_1,\ 0.5)$
A_{10}	$(s_{-2},\ 0.3)$ $(s_0,\ 0.7)$	$(s_1,\ 0.5)$ $(s_2,\ 0.5)$	$(s_1,\ 0.9)$ $(s_2,\ 0.1)$	$(s_{-1},\ 0.4)$ $(s_0,\ 0.6)$
A_{11}	$(s_0,\ 0.5)$ $(s_1,\ 0.5)$	$(s_{-2},\ 0.4)$ $(s_1,\ 0.6)$	$(s_0,\ 0.6)$ $(s_2,\ 0.4)$	$(s_{-1},\ 0.8)$ $(s_0,\ 0.2)$
A_{12}	$(s_0,\ 0.4)$ $(s_1,\ 0.6)$	$(s_1,\ 0.33)$ $(s_2,\ 0.67)$	$(s_{-1},\ 0.56)$ $(s_0,\ 0.44)$	$(s_{-1},\ 0.38)$ $(s_1,\ 0.62)$
A_{13}	$(s_{-2},\ 0.5)$ $(s_1,\ 0.5)$	$(s_0,\ 0.7)$ $(s_1,\ 0.3)$	$(s_0,\ 0.8)$ $(s_1,\ 0.2)$	$(s_1,\ 0.8)$ $(s_2,\ 0.2)$
A_{14}	$(s_{-1},\ 0.7)$ $(s_0,\ 0.3)$	$(s_0,\ 0.5)$ $(s_1,\ 0.5)$	$(s_1,\ 0.8)$ $(s_2,\ 0.2)$	$(s_{-2},\ 0.4)$ $(s_1,\ 0.6)$
A_{15}	$(s_1,\ 0.56)$ $(s_2,\ 0.44)$	$(s_{-2},\ 0.25)$ $(s_0,\ 0.75)$	$(s_1,\ 0.57)$ $(s_3,\ 0.43)$	$(s_{-1},\ 0.5)$ $(s_0,\ 0.5)$
A_{16}	$(s_0,\ 0.8)$ $(s_1,\ 0.2)$	$(s_{-1},\ 0.5)$ $(s_0,\ 0.5)$	$(s_1,\ 0.7)$ $(s_2,\ 0.3)$	$(s_{-1},\ 0.6)$ $(s_0,\ 0.4)$
A_{17}	$(s_1,\ 0.8)$ $(s_2,\ 0.2)$	$(s_{-2},\ 0.4)$ $(s_0,\ 0.6)$	$(s_{-1},\ 0.5)$ $(s_0,\ 0.5)$	$(s_0,\ 0.5)$ $(s_1,\ 0.5)$
A_{18}	$(s_1,\ 0.43)$ $(s_3,\ 0.57)$	$(s_0,\ 0.56)$ $(s_2,\ 0.44)$	$(s_{-1},\ 0.7)$ $(s_1,\ 0.3)$	$(s_1,\ 0.29)$ $(s_2,\ 0.71)$

续表

	C_1	C_2	C_3	C_4
A_{19}	$(s_{-1}, 0.5)$ $(s_0, 0.5)$	$(s_0, 0.6)$ $(s_1, 0.4)$	$(s_0, 0.5)$ $(s_2, 0.5)$	$(s_{-2}, 0.5)$ $(s_{-1}, 0.5)$
A_{20}	$(s_{-2}, 0.67)$ $(s_1, 0.33)$	$(s_2, 0.63)$ $(s_3, 0.37)$	$(s_0, 0.4)$ $(s_1, 0.6)$	$(s_2, 0.56)$ $(s_3, 0.44)$
A_{21}	$(s_{-2}, 0.5)$ $(s_{-1}, 0.5)$	$(s_0, 0.6)$ $(s_1, 0.4)$	$(s_1, 0.7)$ $(s_2, 0.3)$	$(s_0, 0.4)$ $(s_1, 0.6)$

（2）专家选择典型的备选集 $T = \{A_1, A_3, A_4, A_7, A_{12}, A_{15}, A_{18}, A_{20}\}$。测试矩阵 F 如表 6 - 2 所示：

表 6 - 2　　　　　　　　　　测试矩阵 F

	C_1	C_2	C_3	C_4
A_1	$(s_2, 0.4)$ $(s_3, 0.6)$	$(s_1, 0.56)$ $(s_2, 0.44)$	$(s_{-1}, 0.2)$ $(s_1, 0.8)$	$(s_0, 0.38)$ $(s_2, 0.62)$
A_3	$(s_1, 0.33)$ $(s_2, 0.67)$	$(s_{-2}, 0.38)$ $(s_{-1}, 0.62)$	$(s_2, 0.5)$ $(s_3, 0.5)$	$(s_{-1}, 0.3)$ $(s_0, 0.7)$
A_4	$(s_{-1}, 0.3)$ $(s_0, 0.3)$ $(s_1, 0.4)$	$(s_2, 0.43)$ $(s_3, 0.57)$	$(s_0, 0.5)$ $(s_1, 0.5)$	$(s_1, 0.8)$ $(s_2, 0.2)$
A_7	$(s_1, 0.6)$ $(s_2, 0.4)$	$(s_{-3}, 0.1)$ $(s_{-2}, 0.3)$ $(s_{-1}, 0.6)$	$(s_0, 0.3)$ $(s_1, 0.7)$	$(s_1, 0.5)$ $(s_2, 0.5)$
A_{12}	$(s_0, 0.4)$ $(s_1, 0.6)$	$(s_1, 0.33)$ $(s_2, 0.67)$	$(s_{-1}, 0.56)$ $(s_0, 0.44)$	$(s_{-1}, 0.38)$ $(s_1, 0.62)$
A_{15}	$(s_1, 0.56)$ $(s_2, 0.44)$	$(s_{-2}, 0.25)$ $(s_0, 0.75)$	$(s_1, 0.57)$ $(s_3, 0.43)$	$(s_{-1}, 0.5)$ $(s_0, 0.5)$
A_{18}	$(s_1, 0.43)$ $(s_3, 0.57)$	$(s_0, 0.56)$ $(s_2, 0.44)$	$(s_{-1}, 0.7)$ $(s_1, 0.3)$	$(s_1, 0.29)$ $(s_2, 0.71)$
A_{20}	$(s_{-2}, 0.67)$ $(s_1, 0.33)$	$(s_2, 0.63)$ $(s_3, 0.37)$	$(s_0, 0.4)$ $(s_1, 0.6)$	$(s_2, 0.56)$ $(s_3, 0.44)$

四项标准 C_1、C_2、C_3 和 C_4 的参考点分别为 s_0、s_{-1}、s_0 和 s_1。专家们将这八种备选方案分为三类 V_1、V_2 和 V_3，如表 6 - 3 所示。

表 6 - 3　　　　　　　　　　8 个备选方案的聚类结果

		C_1	C_2	C_3	C_4
V_1	A_1	$(s_2, 0.4)$ $(s_3, 0.6)$	$(s_1, 0.56)$ $(s_2, 0.44)$	$(s_{-1}, 0.2)$ $(s_1, 0.8)$	$(s_0, 0.38)$ $(s_2, 0.62)$
	A_4	$(s_{-1}, 0.3)$ $(s_0, 0.3)$ $(s_1, 0.4)$	$(s_2, 0.43)$ $(s_3, 0.57)$	$(s_0, 0.5)$ $(s_1, 0.5)$	$(s_1, 0.8)$ $(s_2, 0.2)$
	A_{18}	$(s_1, 0.43)$ $(s_3, 0.57)$	$(s_0, 0.56)$ $(s_2, 0.44)$	$(s_{-1}, 0.7)$ $(s_1, 0.3)$	$(s_1, 0.29)$ $(s_2, 0.71)$
V_2	A_7	$(s_1, 0.6)$ $(s_2, 0.4)$	$(s_{-3}, 0.1)$ $(s_{-2}, 0.3)$ $(s_{-1}, 0.6)$	$(s_0, 0.3)$ $(s_1, 0.7)$	$(s_1, 0.5)$ $(s_2, 0.5)$
	A_{12}	$(s_0, 0.4)$ $(s_1, 0.6)$	$(s_1, 0.33)$ $(s_2, 0.67)$	$(s_{-1}, 0.56)$ $(s_0, 0.44)$	$(s_{-1}, 0.38)$ $(s_1, 0.62)$
	A_{15}	$(s_1, 0.56)$ $(s_2, 0.44)$	$(s_{-2}, 0.25)$ $(s_0, 0.75)$	$(s_1, 0.57)$ $(s_3, 0.43)$	$(s_{-1}, 0.5)$ $(s_0, 0.5)$
	A_{20}	$(s_{-2}, 0.67)$ $(s_1, 0.33)$	$(s_2, 0.63)$ $(s3, 0.37)$	$(s_0, 0.4)$ $(s_1, 0.6)$	$(s_2, 0.56)$ $(s_3, 0.44)$
V_3	A_3	$(s_1, 0.33)$ $(s_2, 0.67)$	$(s_{-2}, 0.38)$ $(s_{-1}, 0.62)$	$(s_2, 0.5)$ $(s_3, 0.5)$	$(s_{-1}, 0.3)$ $(s_0, 0.7)$

（3）根据数据分析，专家认为在典型备选集 T 的 8 个备选项中，$T^* = A_1$ 为最佳备选项。

（4）可以得到如下偏好值向量：（$\alpha = \beta = 0.88$，$\theta = 2.25$ 和 $\gamma = 0.61$）；

$v(A_1) = (0.4, 0.38, 0.01, -0.07)$，$v(A_3) = (0.26, -0.17, 0.39, -0.52)$，

$v(A_4) = (-0.07, 0.53, 0.09, 0.05)$，$v(A_7) = (0.24, -0.31, 0.11, 0.09)$，

$v(A_{12}) = (0.1, 0.4, -0.21, -0.31)$，$v(A_{15}) = (0.24, -0.02, 0.31, -0.55)$，

$v(A_{18}) = (0.33, 0.3, -0.18, 0.11)$，$v(A_{20}) = (-0.37, 0.51, 0.1, 0.24)$。

（5）按如下方法计算 T^* 与 T 中其他备选项的距离：

$d(A_1, A_3) = 0.02w_1 + 0.42w_2 + 0.41w_3 + 0.17w_4$，

$d(A_1, A_4) = 0.24w_1 + 0.03w_2 + 0.02w_3 + 0.01w_4$，

$d(A_1, A_7) = 0.03w_1 + 0.67w_2 + 0.03w_3 + 0.02w_4$，

$d(A_1, A_{12}) = 0.1w_1 + 0.01w_2 + 0.13w_3 + 0.05w_4$，

$d(A_1, A_{15}) = 0.03w_1 + 0.22w_2 + 0.26w_3 + 0.19w_4$，

$d(A_1, A_{18}) = 0.01w_1 + 0.01w_2 + 0.1w_3 + 0.03w_4$，

$d(A_1, A_{20}) = 0.65w_1 + 0.02w_2 + 0.02w_3 + 0.08w_4$。

（6）根据规则（a1 – a3）和数学规划模型（P6 – 1），计算最优准则权值和聚类半径：

$w^* = (w_1^*, w_2^*, w_3^*, w_4^*) = (0.15, 0.23, 0.5, 0.11)$，$R^* = (R_1^*, R_2^*) = (0.082, 0.262)$

（7）根据最优准则权值 w^*，计算 A 中 A_i 和 T^* 之间的距离：

$d(A_1, A_2) = 0.094$，$d(A_1, A_3) = 0.324$，$d(A_1, A_4) = 0.054$，$d(A_1, A_5) = 0.165$，

$d(A_1, A_6) = 0.053$，$d(A_1, A_7) = 0.177$，$d(A_1, A_8) = 0.19$，$d(A_1, A_9) = 0.071$，

$d(A_1, A_{10}) = 0.158$，$d(A_1, A_{11}) = 0.133$，$d(A_1, A_{12}) = 0.085$，$d(A_1, A_{13}) = 0.086$，

$d(A_1, A_{14}) = 0.155$，$d(A_1, A_{15}) = 0.204$，$d(A_1, A_{16}) = 0.142$，$d(A_1, A_{17}) = 0.13$，

$d(A_1, A_{18}) = 0.053$，$d(A_1, A_{19}) = 0.105$，$d(A_1, A_{20}) = 0.122$，$d(A_1, A_{21}) = 0.33$。

（8）得到聚类和排序结果，如表 6 – 4 所示。

表 6 - 4   A 中备选方案的聚类和排序结果

类别	备选方案
V_1	$A_6 > A_{18} > A_4 > A_9$
V_2	$A_{12} > A_{13} > A_2 > A_{19} > A_{20} > A_{17} > A_{11} > A_{16} > A_{14} > A_{10} > A_5 > A_7 > A_8 > A_{15}$
V_3	$A_3 > A_{21}$

从表 6 - 4 可以看出，只有家庭 A_4、A_6、A_9 和 A_{18} 可以退出计划，家庭 A_3 和 A_{21} 应该留在计划中。其他家庭则不确定退出还是留在该计划。事实上，在任何实际的评估过程中，由于信息来源和性质的不确定性，许多家庭难以确定他们应该退出还是留在计划中。从表 6 - 4 中，我们观察到有 15 个家庭在现有的信息范围内，无法确定他们是应该退出还是留在计划中。这一结果与现实的情况相符。

6.6.3　比较分析

为了说明本章提出的方法的有效性，我们将其与 TOPSIS 方法（Pang et al., 2016）进行对比分析。TOPSIS 方法的主要决策步骤可归纳如下。

（1）得到正理想解（PIS）和负理想解（NIS）。

设 $L(p)^+ = (L_1(p)^+, L_2(p)^+, \cdots, L_n(p)^+)$ 是正理想解（PIS），则 $L(p)^- = (L_1(p)^-, L_2(p)^-, \cdots, L_n(p)^-)$ 是负理想解（NIS）。

（2）计算方案与 PIS 之间的距离。

备选项 A_i（$i = 1$，2，$\cdots$，m）和正理想解 $L(p)^+$ 之间的距离为 $d(A_i, L(p)^+)$。

（3）计算备选项到 NIS 的距离。

备选项 A_i（$i = 1$，2，$\cdots$，m）和 NIS $L(p)^-$ 之间的距离为 $d(A_i, L(p)^-)$。

（4）计算所有方案的接近系数。

不确定信息下的案例推理决策方法及应用研究

所有方案 $A_i(i=1,2,\cdots,m)$ 的接近系数为:

$$CI(A_i) = \frac{d(A_i,L(p)^-)}{d(A_i,L(p)^-)+d(A_i,L(p)^+)} \qquad (6-11)$$

（5）根据方案贴近系数的取值对方案进行排序。

可以根据如果 $CI(A_i) > CI(A_j)$，那么 $A_i > A_j$ $(i=1,2,\cdots,m;j=1,2,\cdots,m)$ 的规则对这些值进行排序。

使用上面的 TOPSIS 方法来解决同一决策问题如下。

（1）正理想解（PIS）和负理想解（NIS）可以表示为:

$L(p)^+ = (\{(s_2,0.4),(s_3,0.6)\},\{(s_2,0.43),(s_3,0.57)\},\{(s_2,0.5),(s_3,0.5)\},\{(s_2,0.56),(s_3,0.44)\})$

$L(p)^- = (\{(s_{-2},0.5),(s_{-1},0.5)\},\{(s_{-2},0.5),(s_{-1},0.5)\},\{(s_{-1},0.56),(s_0,0.44)\},\{(s_{-2},0.5),(s_{-1},0.5)\})$

（2）备选项与 PIS 之间的距离可计算为:

$d(A_1,L(p)^+)=0.7, d(A_2,L(p)^+)=0.54,$

$d(A_3,L(p)^+)=0.53, d(A_4,L(p)^+)=0.72$

$d(A_5,L(p)^+)=0.65, d(A_6,L(p)^+)=1.02,$

$d(A_7,L(p)^+)=0.95, d(A_8,L(p)^+)=0.81$

$d(A_9,L(p)^+)=1, d(A_{10},L(p)^+)=0.87,$

$d(A_{11},L(p)^+)=1.01, d(A_{12},L(p)^+)=1.1$

$d(A_{13},L(p)^+)=1.06, d(A_{14},L(p)^+)=0.89,$

$d(A_{15},L(p)^+)=0.74, d(A_{16},L(p)^+)=0.93$

$d(A_{17},L(p)^+)=1.29, d(A_{18},L(p)^+)=0.99,$

$d(A_{19},L(p)^+)=1.01, d(A_{20},L(p)^+)=0.9$

$d(A_{21},L(p)^+)=0.88$

（3）备选项与 NIS 之间的距离可计算为:

$d(A_1,L(p)^-)=0.97, d(A_2,L(p)^-)=1.08,$

$d(A_3,L(p)^-)=1.06, d(A_4,L(p)^-)=0.85$

$d(A_5, L(p)^-) = 1.03, d(A_6, L(p)^-) = 0.64,$

$d(A_7, L(p)^-) = 0.78, d(A_8, L(p)^-) = 0.81$

$d(A_9, L(p)^-) = 0.62, d(A_{10}, L(p)^-) = 0.76,$

$d(A_{11}, L(p)^-) = 0.62, d(A_{12}, L(p)^-) = 0.49$

$d(A_{13}, L(p)^-) = 0.6, d(A_{14}, L(p)^-) = 0.74,$

$d(A_{15}, L(p)^-) = 0.91, d(A_{16}, L(p)^-) = 0.73$

$d(A_{17}, L(p)^-) = 0.35, d(A_{18}, L(p)^-) = 0.71,$

$d(A_{19}, L(p)^-) = 0.62, d(A_{20}, L(p)^-) = 0.89$

$d(A_{21}, L(p)^-) = 0.75$

（4）各方案的接近系数可表示为：

$CI(A_1) = 0.58, CI(A_2) = 0.668, CI(A_3) = 0.667, CI(A_4) = 0.54,$

$CI(A_5) = 0.61, CI(A_6) = 0.39, CI(A_7) = 0.45, CI(A_8) = 0.5,$

$CI(A_9) = 0.38, CI(A_{10}) = 0.47, CI(A_{11}) = 0.38, CI(A_{12}) = 0.31,$

$CI(A_{13}) = 0.36, CI(A_{14}) = 0.46, CI(A_{15}) = 0.55, CI(A_{16}) = 0.44,$

$CI(A_{17}) = 0.21, CI(A_{18}) = 0.42, CI(A_{19}) = 0.38, CI(A_{20}) = 0.498,$

$CI(A_{21}) = 0.46$

（5）排序结果：

$A_2 > A_3 > A_5 > A_1 > A_{15} > A_4 > A_8 > A_{20} > A_{10} > A_{21} > A_{14} > A_7 > A_{16}$
$> A_{18} > A_6 > A_{19} > A_9 > A_{11} > A_{13} > A_{12} > A_{17}$

可以发现，可供选择的家庭 A_2、A_3、A_5、A_1 排在前 4 位，A_{12}、A_{17} 是最糟糕的两个。这个结果与本章的方法完全不同。主要原因在于本章提出的方法采用了兼顾决策数据和专家经验的基于案例的推理方法，而 TOPSIS 方法只使用决策数据而忽略了专家经验。此外，本章的计算过程还考虑行为理论的思想，计算偏好值的 PLTS，以反映真实的决策过程。

TOPSIS 方法不能将家庭聚成一些类别，这将导致一个问题：应该支持多少家庭。因此，如果不能确定贫困家庭的数量，政府就不能提出相应的政策。从实际应用的角度来看，TOPSIS 方法并不能解决贫困家庭的评价问题，而本章提出的方法可以有效地解决贫困家庭的排序和聚集问题。

6.6.4　影响家庭贫困的关键因素

根据本书 6.6.3 节，我们可以对"贫困家庭"数据进行排序和聚类。但是，要真正帮助贫困家庭克服贫困，必须研究家庭状况中哪些因素对贫困的影响最为重要。DEMATEL 法是一种寻找关键因素的有效方法。采用 DEMATEL 方法分析问题如下。

（1）邀请专家组对准则 C_i 和 C_j（$i = 1, 2, 3, 4, j = 1, 2, 3, 4$）的关系进行评估，使用语言术语集 $S = \{s_{-3}:极差, s_{-2}:很差, s_{-1}:差, s_0:一般, s_1:好, s_2:很好, s_3:极好\}$。经过数据处理，得到直接影响关系矩阵 N，如表 6−5 所示。

表 6−5　　　　　　　　　初始直接影响关系矩阵 N

	C_1	C_2	C_3	C_4
C_1	*	$(s_0, 0.4)$ $(s_1, 0.6)$	$(s_1, 0.3)$ $(s_2, 0.7)$	$(s_2, 0.5)$ $(s_3, 0.5)$
C_2	$(s_1, 0.6)$ $(s_2, 0.4)$	*	$(s_0, 0.5)$ $(s_1, 0.5)$	$(s_2, 0.6)$ $(s_3, 0.4)$
C_3	$(s_{-1}, 0.6)$ $(s_0, 0.4)$	$(s_{-2}, 0.3)$ $(s_{-1}, 0.7)$	*	$(s_{-3}, 0.6)$ $(s_{-2}, 0.4)$
C_4	$(s_1, 0.5)$ $(s_3, 0.5)$	$(s_{-2}, 0.4)$ $(s_{-1}, 0.6)$	$(s_{-2}, 0.5)$ $(s_{-1}, 0.5)$	*

（2）根据式（6−5），将 PLTS 矩阵 N 变换为偏好值函数矩阵 M，

如表 6 - 6 所示。

表 6 - 6 偏好值函数矩阵 M

	C_1	C_2	C_3	C_4
C_1	0	0.1	0.27	0.39
C_2	0.24	0	0.09	0.38
C_3	- 0.22	- 0.52	0	- 0.89
C_4	0.32	- 0.54	- 0.55	0

（3）将偏好函数矩阵归一化，如表 6 - 7 所示。

表 6 - 7 归一化矩阵 K

	C_1	C_2	C_3	C_4
C_1	0	0.72	0.78	0.81
C_2	0.77	0	0.72	0.81
C_3	0.62	0.53	0	0.42
C_4	0.79	0.53	0.52	0

（4）根据矩阵 K，计算综合影响关系矩阵 Z，如表 6 - 8 所示。

表 6 - 8 综合影响关系矩阵 Z

	C_1	C_2	C_3	C_4
C_1	1.732	1.722	1.890	1.908
C_2	1.984	1.486	1.876	1.911
C_3	1.501	1.295	1.223	1.386
C_4	1.727	1.450	1.576	1.402

（5）计算 Z 的行和列的和。

$r_1 = 7.252$，$r_2 = 7.257$，$r_3 = 5.405$，$r_4 = 6.154$

$c_1 = 6.944$，$c_2 = 5.953$，$c_3 = 6.566$，$c_4 = 6.606$

（6）可以得到 $r_1 - c_1 = 0.308$，$r_2 - c_2 = 1.305$，$r_3 - c_3 = -1.161$，$r_4 - c_4 = -0.452$。各标准的因果关系如图 6-1 所示。

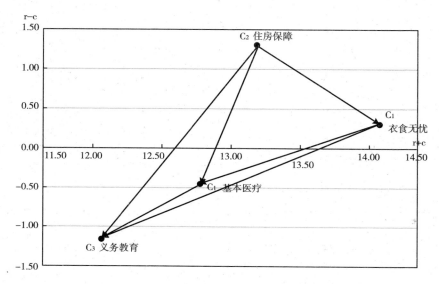

图 6-1 各标准的因果关系

从图 6-1 中，我们可以看到四个标准相互关联。总的来说，标准 C_2，C_1 是影响整个系统的原因因素，C_4 和 C_3 是受系统影响的结果因素。住房保障（C_2）和两件事不用担心（C_1）影响其他两个因素基本医疗（C_4）和义务教育（C_3）。

与其他三个标准相比，标准 C_2 对评价体系的影响最大。换句话说，住房保障是评价体系中最重要的因素。贫困家庭只有对其住房条件给予高度重视，才能克服贫困，或防止脱离贫困的家庭重新进入贫困状态。

标准 C_1 对制度和标准 C_3、C_4 也有影响。也就是说，贫困家庭只有在不愁吃穿、能安全饮水的情况下，才能有意义地考虑义务教育和基本医疗问题。这一发现与马斯洛（Abraham Maslow）关于人类需求层次的开创性研究相一致。标准 C_4 对标准 C_3 有影响，但又受到评价体系的影响。只有当贫困家庭解决了基本的医疗问题，他们的学龄儿童才能接受和受益于义务教育。

标准 C_3 受到其他三个标准的影响，但在评价体系中是一个被动因素。政府应根据财政情况，同时增加这四个方面的投入。在国家财政资源有限的情况下，要加大对原因因素的财政支持。因此，要加快克服贫困的进程，住房保障应该是首要考虑的问题。根据这一发现，政府应加强住房安置援助。

6.7　结　论

中国作为最大的发展中国家之一，贫困人口数量庞大。为解决农村贫困问题，中国政府提出了精准扶贫政策。为了提高扶贫资源的有效利用，防止脱贫家庭再次陷入贫困，有必要建立扶贫退出评估机制。决定谁能退出是扶贫机制的关键问题，这就需要一种合适的评价方法。针对这一关键问题，本章提出了基于 PLTS 的案例推理方法对贫困家庭进行排序和聚类的推理方法，并采用 DEMATEL 方法进行关键因素分析。

本章提出的方法的优点有三个。

（1）基于前景理论提出了一种可将 PLTS 转换为直接的偏好值函数。决策者可以根据自己的偏好和参考点选择合适的偏好值函数，体现了决策者的有限理性。该偏好值函数可以方便地修改基于案例的推理模型和基于 PLTS 的 DEMATEL 模型。

（2）提出了一种新的基于案例推理的贫困家庭评价方法，并根据 PLTS 的偏好值函数将其划分为三类。这种基于案例的推理方法可以有效利用决策数据和专家偏好，将贫困家庭分为三类。传统的决策方法通常对家庭进行排序，而不是将他们归为不同类别。这将导致一个问题，即决策者不知道应该支持多少个家庭。

（3）提出了一种新的 PLTS-DEMATEL 方法，用于分析标准之间的关系，为政府制定合适的扶贫政策提供帮助。通过 PLTS-DEMATEL 方法，决策者可以得到标准之间的关系，找到导致家庭贫困的关键因素（住房保障），因而政府可以制定一些住房政策来帮助贫困家庭克服贫困。

参考文献

［1］范建平，闫彦，吴美琴．基于三角 Pythagorean 模糊集的多准则决策方法［J］．控制与决策，2019，34（8）：1601 - 1608.

［2］龚诗阳，刘霞，刘洋等．网络口碑决定产品命运吗——对线上图书评论的实证分析［J］．南开管理评论，2012，15（4）：118 - 128.

［3］何霞，杜迎雪，刘卫锋．毕达哥拉斯模糊幂平均算子［J］．模糊系统与数学，2016（6）：116 - 124.

［4］李娜，高雷阜，王磊．基于相对熵的区间 Pythagorean 模糊多属性 AQM 决策方法及其应用［J］．运筹与管理，2019，28（1）：79 - 85.

［5］李鹏，沈志杰，陈胜男，柴庆泽．基于灰色关联法和 HA 算子的 Pythagorean 模糊群决策方法［J］．运筹与管理，2018，27（10）：56 - 62.

［6］梁昌勇，戚筱雯，丁勇，冷亚军．一种基于 TOPSIS 的混合型多属性群决策方法［J］中国管理科学，2012，20（4）：109 - 117.

［7］刘思峰，党耀国，方志耕．灰色系统理论及其应用［M］．第3 版，北京：科学出版社，2004.

［8］刘卫锋，常娟，何霞．广义毕达哥拉斯模糊集成算子及其决策应用［J］．控制与决策，2016，31（12）：2280 - 2286.

［9］刘卫锋，何霞．毕达哥拉斯犹豫模糊集［J］．模糊系统与数学，2016，30（4）：107 - 115.

［10］刘卫锋，何霞，常娟．毕达哥拉斯犹豫模糊集的相关测度［J］．控制与决策，2019，34（5）：1018 – 1024.

［11］彭定洪，杨扬．基于毕达哥拉斯模糊 Frank 算子的多属性决策方法［J］．计算机应用，2019（2）.

［12］王开元．上海经济型酒店顾客安全感影响因素研究［D］．上海：上海师范大学，2017.

［13］吴坚．基于 OWA 算子理论的混合型多属性群决策研究［D］．合肥：合肥工业大学，2008.

［14］熊伟，黄思芹，吴必虎．基于顾客需求的星级酒店网站功能评价——以广州市 60 家星级酒店为例［J］．旅游学刊，2009，24（9）.

［15］徐泽水．直觉模糊信息集成理论及应用［M］．北京：科学出版社，2008.

［16］杨玥璐，魏晨蕊．顾客选择三亚星级酒店的影响因素［J］．现代企业，2019（2）：52 – 53.

［17］曾守桢，穆志民．基于混合加权距离的毕达哥拉斯模糊 TOPSIS 多属性决策方法研究［J］．中国管理科学，2019，27（3）：198 – 205.

［18］张洪美，徐泽水，陈琦．直觉模糊集的聚类方法研究［J］控制与决策，2007. 22（8）：882 – 888.

［19］Asan U, Kadaifci C, Bozdag Eet al. A new approach to DEMATEL based on interval-valued hesitant fuzzy sets［J］. Applied Soft Computing, 2018（66）：34 – 49.

［20］Atanassov K. Intuitionistic fuzzy logics as tools for evaluation of data mining processes［J］. Knowledge-Based Systems, 2015（80）：122 – 130.

［21］Atanassov K. Intuitionistic fuzzy sets［J］. Fuzzy Sets and Systems, 1986, 20（1）：87 – 96.

［22］Bai C Z, Zhang R, Qian L Xet al. Comparisons of probabilistic linguistic term sets for multi-criteria decision making［J］. Knowledge-

Based Systems, 2017 (119): 284 - 291.

[23] Beg I, Rashid T. TOPSIS for hesitant fuzzy linguistic term sets [J]. International Journal of Intelligent Systems, 2013, 28 (12): 1162 - 1171.

[24] Bustince H, Barrenechea E, Pagola M et al. A historical account of types of fuzzy sets and their relationships [J]. IEEE Transactions on Fuzzy Systems, 2016, 24 (1): 179 - 194.

[25] Chen S M, Chang C H. A novel similarity measure between Atanassov's intuitionistic fuzzy sets based on transformation techniques with applications to pattern recognition [J]. Information Sciences, 2015 (291): 96 - 114.

[26] Chen S M, Tan J M. Handling multicriteria fuzzy decision-making problems based on vague set theory [J]. Fuzzy sets and systems, 1994, 67 (2): 163 - 172.

[27] Chen T Y. The inclusion-based TOPSIS method with interval-valued intuitionistic fuzzy sets for multiple criteria group decision making [J]. Applied Soft Computing, 2015 (26): 57 - 73.

[28] Chen Y, Kilgour D M, Hipel K W. Screening in multiple criteria decision analysis [J]. Decision Support Systems, 2008, 45 (2): 278 - 290.

[29] Chen Y, Li K W, Kilgour D M et al. A case-based distance model for multiple criteria ABC analysis [J]. Computers & Operations Research, 2008, 35 (3): 776 - 796.

[30] Chen Y T, Chiu M C. A case-based method for service-oriented value chain and sustainable network design [J]. Advanced Engineering Informatics, 2015, 29 (3): 269 - 294.

[31] Chen Z P, Yang W. A new multiple attribute group decision making method in intuitionistic fuzzy setting [J]. Applied Mathematical

Modelling, 2011, 35 (9): 4424 – 4437.

[32] Chen Z S, Chin K S, Li Y L et al. Proportional hesitant fuzzy linguistic term set for multiple criteria group decision making [J]. Information Sciences, 2016 (357): 61 – 87.

[33] Dong Y C, Chen X, Herrera F. Minimizing adjusted simple terms in the consensus reaching process with hesitant linguistic assessments in group decision making [J]. Information Sciences, 2015 (297): 95 – 117.

[34] Dong Y C, Li C C, Herrera F. Connecting the linguistic hierarchy and the numerical scale for the 2-tuple linguistic model and its use to deal with hesitant unbalanced linguistic information [J]. Information Sciences, 2016 (367): 259 – 278.

[35] Dunford M, Gao B, Li W. Who, where and why? Characterizing China's rural population and residual rural poverty [J]. Area Development and Policy, 2020, 5 (1): 89 – 118.

[36] Evans C. Re-thinking case-based assessments in business management education [J]. The international journal of management education, 2016, 14 (2): 161 – 166.

[37] Falcó E, García-Lapresta J L, Roselló L. Allowing agents to be imprecise: A proposal using multiple linguistic terms [J]. Information Sciences, 2014 (258): 249 – 265.

[38] Fan Z P, Li Y H, Zhang Y. Generating project risk response strategies based on CBR: A case study [J]. Expert Systems with Applications, 2015, 42 (6): 2870 – 2883.

[39] Farhadinia B. Multiple criteria decision-making methods with completely unknown weights in hesitant fuzzy linguistic term setting [J]. Knowledge-Based Systems, 2016 (93): 135 – 144.

[40] Gao J M, Bo Q J, He D G. Satisfaction of targeted poverty alle-

viation policies and its influencing factors based on farmers' perspective: Questionnaire survey and research on 1720 farmers in Shaanxi Province of China [J]. Ecol. Econ, 2017 (5): 38 – 48.

[41] Garg H. A new generalized Pythagorean fuzzy information aggregation using Einstein operations and its application to decision making [J]. International Journal of Intelligent Systems, 2016a, 31 (9): 886 – 920.

[42] Garg H. A novel accuracy function under interval-valued Pythagorean fuzzy environment for solving multicriteria decision making problem [J]. Journal of Intelligent and Fuzzy Systems, 2016, 31 (1): 529 – 540.

[43] Garg H. A novel correlation coefficients between Pythagorean fuzzy sets and its applications to decision-making processes [J]. International Journal of Intelligent Systems, 2016, 31 (12): 1234 – 1252.

[44] Garg H. A novel improved accuracy function for interval valued pythagorean fuzzy sets and its applications in the decision-making process [J]. International Journal of Intelligent Systems, 2017 (32).

[45] Garg H. Linguistic Pythagorean fuzzy sets and its applications in multiattribute decision-making process [J]. International Journal of Intelligent Systems, 2018, 33 (6): 1234 – 1263.

[46] Gou X J, Xu Z S. Novel basic operational laws for linguistic terms, hesitant fuzzy linguistic term sets and probabilistic linguistic term sets [J]. Information Sciences, 2016 (372): 407 – 427.

[47] Gou X J, Xu Z S, Ren P. The properties of continuous Pythagorean fuzzy information [J]. International Journal of Intelligent Systems, 2016a, 31 (5): 401 – 424.

[48] Grissemann U, Plank A, Brunner-Sperdin A. Enhancing business performance of hotels: The role of innovation and customer orientation [J]. International Journal of Hospitality Management, 2013 (33): 347 – 356.

［49］Guo Y, Zhou Y, Liu Y. Targeted poverty alleviation and its practices in rural China: A case study of Fuping county, Hebei Province ［J］. Journal of Rural Studies, 2019 (1).

［50］Herrera F, Martínez L. A model based on linguistic 2-tuples for dealing with multigranular hierarchical linguistic contexts in multi-expert decision-making ［J］. IEEE Transactions on Systems, Man, and Cybernetics, Part B (Cybernetics), 2001, 31 (2): 227 –234.

［51］Herrera F, Martínez L. A 2-tuple fuzzy linguistic representation model for computing with words ［J］. IEEE Transactions on fuzzy systems, 2000, 8 (6): 746 –752.

［52］Hong D H, Choi C H. Multicriteria fuzzy decision-making problems based on vague set theory ［J］. Fuzzy sets and systems, 2000, 114 (1): 103 –113.

［53］Kahneman D, Tversky A. Prospect theory of decisions under risk ［J］. Econometrica, 1979 (47), 263 –291.

［54］Kobina A, Liang D, He X. Probabilistic linguistic power aggregation operators for multi-criteria group decision making ［J］. Symmetry, 2017, 9 (12): 320.

［55］Koo C, Hong T. A dynamic energy performance curve for evaluating the historical trends in the energy performance of existing buildings using a simplified case-based reasoning approach ［J］. Energy and Buildings, 2015 (92): 338 –350.

［56］Lee L W, Chen S M. Fuzzy decision making based on likelihood-based comparison relations of hesitant fuzzy linguistic term sets and hesitant fuzzy linguistic operators ［J］. Information Sciences, 2015 (294): 513 –529.

［57］Liang D, Liu D. Deriving three-way decisions from intuitionistic fuzzy decision-theoretic rough sets ［J］. Information Sciences, 2015

(300): 28 - 48.

[58] Liang D, Xu Z S, Darko A P. Projection model for fusing the information of Pythagorean fuzzy multicriteria group decision making based on geometric Bonferroni mean [J]. International Journal of Intelligent Systems, 2017, 32 (9): 966 - 987.

[59] Liang D, Zhang Y, Xu Z S et al. Pythagorean fuzzy Bonferroni mean aggregation operator and its accelerative calculating algorithm with the multithreading [J]. International Journal of Intelligent Systems, 2018a, 33 (3): 615 - 633.

[60] Liang W, Zhang X L, Liu M F. The maximizing deviation method based on interval-valued Pythagorean fuzzy weighted aggregating operator for multiple criteria group decision analysis [J]. Discrete Dynamics in Nature and Society, 2015 (2015): 1 - 15.

[61] Liang Z, Bao J. Targeted poverty alleviation in China: Segmenting small tourism entrepreneurs and effectively supporting them [J]. Journal of Sustainable Tourism, 2018, 26 (11): 1984 - 2001.

[62] Liao H C, Jiang L, Lev B et al. Novel operations of PLTSs based on the disparity degrees of linguistic terms and their use in designing the probabilistic linguistic ELECTRE III method [J]. Applied Soft Computing, 2019 (80): 450 - 464.

[63] Liao H C, Xu Z S. Approaches to manage hesitant fuzzy linguistic information based on the cosine distance and similarity measures for HFLTSs and their application in qualitative decision making [J]. Expert Systems with Applications, 2015, 42 (12): 5328 - 5336.

[64] Liao H C, Xu Z S, Zeng X J. Distance and similarity measures for hesitant fuzzy linguistic term sets and their application in multi-criteria decision making [J]. Information Sciences, 2014 (271): 125 - 142.

[65] Liao H C, Xu Z S, Zeng X J. Hesitant fuzzy linguistic VIKOR

method and its application in qualitative multiple criteria decision making [J]. IEEE Transactions on Fuzzy Systems, 2014, 23 (5): 1343 –1355.

[66] Li D F, Chen G H, Huang Z G. Linear programming method for multiattribute group decision making using IF sets [J]. Information Sciences, 2010, 180 (9): 1591 –1609.

[67] Li M, Yu Y, Xu Y. Knowledge checking service selection method in Pythagorean fuzzy environment [C]. International conference on logistics engineering. Management and Computer Science. 2015: 1438 –1443.

[68] Lin M, Chen Z, Liao H et al. ELECTRE II method to deal with probabilistic linguistic term sets and its application to edge computing [J]. Nonlinear Dynamics, 2019, 96 (3): 2125 –2143.

[69] Li P, Liu S F, Zhu J J. Intuitionistic fuzzy stochastic multi-criteria decision-making methods based on prospect theory [J]. Control and decision, 2012, 27 (11): 1601 –1606.

[70] Li P, Wang N N, Wei C P et al. A two-sided matching method considering the lowest value of acceptability with regret theory for probabilistic linguistic term sets [J]. International Journal of Machine Learning and Cybernetics, 2021, 12 (4): 917 –930.

[71] Li P, Wei C P. A case-based reasoning decision-making model for hesitant fuzzy linguistic information [J]. International Journal of Fuzzy Systems, 2018, 20 (7): 2175 –2186.

[72] Li P, Wei C P. An emergency decision-making method based on DS evidence theory for probabilistic linguistic term sets [J]. International Journal of Disaster Risk Reduction, 2019 (37): 101 –178.

[73] Li P, Yang Y J, Wei C P. An intuitionistic fuzzy stochastic decision-making method based on case-based reasoning and prospect theory [J]. Mathematical Problems in Engineering, 2017, 2017.

［74］Liu B, Shen Y, Zhang W et al. An interval-valued intuitionistic fuzzy principal component analysis model-based method for complex multi-attribute large-group decision-making ［J］. European Journal of Operational Research, 2015, 245（1）: 209 – 225.

［75］Liu J P, Liao X W, Huang W et al. Market segmentation: A multiple criteria approach combining preference analysis and segmentation decision ［J］. Omega, 2019（83）: 1 – 13.

［76］Liu P D, Jin F, Zhang X et al. Research on the multi-attribute decision-making under risk with interval probability based on prospect theory and the uncertain linguistic variables ［J］. Knowledge-based systems, 2011, 24（4）: 554 – 561.

［77］Liu P D. Some generalized dependent aggregation operators with intuitionistic linguistic numbers and their application to group decision making ［J］. Journal of Computer and System Sciences, 2013, 79（1）: 131 – 143.

［78］Liu P D, Teng F. Probabilistic linguistic TODIM method for selecting products through online product reviews ［J］. Information Sciences, 2019（485）: 441 – 455.

［79］Liu P D, Teng F. Some Muirhead mean operators for probabilistic linguistic term sets and their applications to multiple attribute decision-making ［J］. Applied Soft Computing, 2018（68）: 396 – 431.

［80］Liu S F, Lin Y, Grey Information: Theory and Practical Applications, Springer-Verlag, London, 2006.

［81］Liu Y, Fan Z P, Zhang Y. Risk decision analysis in emergency response: A method based on cumulative prospect theory ［J］. Computers & Operations Research, 2014（42）: 75 – 82.

［82］Liu Y, Liu J, Zhou Y. Spatio-temporal patterns of rural poverty in China and targeted poverty alleviation strategies ［J］. Journal of Rural

Studies, 2017 (52): 66 - 75.

[83] Liu Y S, Guo Y, Zhou Y Z, Yang Z. Poverty alleviation in rural China: policy changes, future challenges and policy implications [J]. China Agricultural Economic Review. 2018, 10 (2), 241 - 259.

[84] Mao X B, Wu M, Dong J Y, Wan S P, Zhen J. A new method for probabilistic linguistic multi-attribute group decision making: Application to the selection of financial technologies [J]. Applied Soft Computing. 2019 (77): 155 - 175.

[85] Ma Z M, Xu Z S. Symmetric Pythagorean fuzzy weighted geometric/averaging operators and their application in multicriteria decision-making problems [J]. International Journal of Intelligent Systems, 2016, 31 (12): 1198 - 1219.

[86] Molodtsov D. Soft set theory—first results [J]. Computers & Mathematics with Applications, 1999, 37 (4 - 5): 19 - 31.

[87] Çoban V, Onar S Ç. Pythagorean fuzzy engineering economic analysis of solar power plants [J]. Soft Computing, 2018, 22 (15): 5007 - 5020.

[88] Pamučar D, Sremac S, Stević Ž et al. New multi - criteria LNN WASPAS model for evaluating the work of advisors in the transport of hazardous goods [J]. Neural Computing and Applications, 2019, 31 (9): 5045 - 5068.

[89] Pang Q, Wang H, Xu Z S. Probabilistic linguistic term sets in multi-attribute group decision making [J]. Information Sciences, 2016 (369): 128 - 143.

[90] Peng X, Dai J. Approaches to Pythagorean Fuzzy Stochastic Multi-criteria Decision Making Based on Prospect Theory and Regret Theory with New Distance Measure and Score Function [J]. International Journal of Intelligent Systems, 2017, 32 (11): 1187 - 1214.

［91］Peng X D, Yang Y. Multiple attribute group decision making methods based on Pythagorean fuzzy linguistic set ［J］. Jisuanji Gongcheng/ computer Engineering, 2016, 52 (23): 50 – 54.

［92］Peng X D, Yang Y. Some results for Pythagorean fuzzy sets ［J］. International Journal of Intelligent Systems, 2015a, 30 (11): 1133 – 1160.

［93］Peng X D, Yang Y, Song J et al. Pythagorean fuzzy soft set and its application ［J］. Computer Engineering, 2015b, 41 (7): 224 – 229.

［94］Rahman K, Abdullah S, Ali A. Some induced aggregation operators based on interval-valued Pythagorean fuzzy numbers ［J］. Granular Computing, 2019, 4 (1): 53 – 62.

［95］Reformat M Z, Yager R R. Suggesting recommendations using Pythagorean fuzzy sets illustrated using netflix movie data ［M］. Information Processing and Management of Uncertainty in Knowledge-Based Systems. Springer International Publishing, 2014: 546 – 556.

［96］Rodríguez R M, Labella A, Martínez L. An overview on fuzzy modelling of complex linguistic preferences in decision making ［J］. International Journal of Computational Intelligence Systems, 2016, 9 (supl): 81 – 94.

［97］Rodriguez R M, Martinez L, Herrera F. Hesitant fuzzy linguistic term sets for decision making ［J］. IEEE Transactions on fuzzy systems, 2011, 20 (1): 109 – 119.

［98］Song Y, Wang X, Zhang H. A distance measure between intuitionistic fuzzy belief functions ［J］. Knowledge-Based Systems, 2015 (86): 288 – 298.

［99］Torra V. Hesitant fuzzy sets ［J］. International Journal of Intelligent Systems, 2010, 25 (6): 529 – 539.

［100］Wang J, Li K, Zhang H. Interval-valued intuitionistic fuzzy multi-criteria decision-making approach based on prospect score function

[J]. Knowledge-Based Systems, 2012 (27): 119 - 125.

[101] Wang J, Wang J Q, Zhang H Y et al. Multi-criteria decision-making based on hesitant fuzzy linguistic term sets: An outranking approach [J]. Knowledge-Based Systems, 2015 (86): 224 - 236.

[102] Wang L, Zhang Z X, Wang Y M. A prospect theory-based interval dynamic reference point method for emergency decision making [J]. Expert Systems with Applications, 2015, 42 (23): 9379 - 9388.

[103] Wang S, Park A, Chaudhuri S et al. Rural poverty alleviation and village poverty targeting in the new period of China [J]. Management World, 2007 (1): 56 - 64.

[104] Wang Y W. Interval-valued Pythagorean fuzzy TOPSIS method and its application in student recommendation [J]. Mathematics in Practice & Theory, 2018, 48 (5): 108 - 117.

[105] Wang Z, Xu Z S, Liu S S et al. A netting clustering analysis method under intuitionistic fuzzy environment [J]. Applied Soft Computing, 2011, 11 (8): 5558 - 5564.

[106] Wan S P, Dong J Y. Interval-valued intuitionistic fuzzy mathematical programming method for hybrid multi-criteria group decision making with interval-valued intuitionistic fuzzy truth degrees [J]. Information Fusion, 2015 (26): 49 - 65.

[107] Wan S P, Li D F. Fuzzy mathematical programming approach to heterogeneous multicriterion decision-making with interval-valued intuitionistic fuzzy truth degrees [J], Information Sciences, 2015 (325): 484 - 503.

[108] Wan S P, Wang F, Dong J Y. A novel group decision making method with intuitionistic fuzzy preference relations for RFID technology selection [J]. Applied Soft Computing, 2016 (38): 405 - 422.

[109] Wei C P, Liao H C. A multigranularity linguistic group deci-

sion-making method based on hesitant 2-tuple sets [J]. International Journal of Intelligent Systems, 2016, 31 (6): 612 – 634.

[110] Wei C P, Ren Z L, Rodríguez R M. A hesitant fuzzy linguistic TODIM method based on a score function [J]. International Journal of Computational Intelligence Systems, 2015, 8 (4): 701 – 712.

[111] Wei C P, Zhao N, Tang X J. Operators and comparisons of hesitant fuzzy linguistic term sets [J]. IEEE Transactions on Fuzzy Systems, 2013, 22 (3): 575 – 585.

[112] Wei D, Liu H Y, Shi K. What are the key barriers for the further development of shale gas in China? A grey-DEMATEL approach [J]. Energy Reports. 2019 (5): 298 – 304.

[113] Wei G, Lu M. Pythagorean fuzzy Maclaurin symmetric mean operators in multiple attribute decision making [J]. International Journal of Intelligent Systems, 2018a, 33 (5): 1043 – 1070.

[114] Wei G, Lu M. Pythagorean fuzzy power aggregation operators in multiple attribute decision making [J]. International Journal of Intelligent Systems, 2018b, 33 (1): 169 – 186.

[115] Wei G W. GRA method for multiple attribute decision making with incomplete weight information in intuitionistic fuzzy setting [J]. Knowledge-Based Systems, 2010, 23 (3): 243 – 247.

[116] Wei G W. Gray relational analysis method for intuitionistic fuzzy multiple attribute decision making [J]. Expert Systems with Applications, 2011, 38 (9): 11671 – 11677.

[117] Wu X L, Liao H C. An approach to quality function deployment based on probabilistic linguistic term sets and ORESTE method for multi-expert multi-criteria decision making [J]. Information Fusion, 2018 (43): 13 – 26.

[118] Wu Z B, Xu J P. A consensus process for decision making with

hesitant fuzzy linguistic term sets [C]. 2015 IEEE International Conference on Systems, Man, and Cybernetics. IEEE, 2015: 155 – 160.

[119] Xiang J, Song X, Li J. Cropland use transitions and their driving factors in poverty-stricken counties of western Hubei Province, China [J]. Sustainability, 2019, 11 (7): 1997.

[120] Xu Z. Deviation measures of linguistic preference relations in group decision making [J]. Omega, 2005, 33 (3): 249 – 254.

[121] Xu Z S., Approaches to multiple attribute group decision making based on intuitionistic fuzzy power aggregation operators [J], Knowledge-Based Systems, 2011, 24 (6): 749 – 760.

[122] Xu Z S, Liao H. A survey of approaches to decision making with intuitionistic fuzzy preference relations [J]. Knowledge-based systems, 2015 (80): 131 – 142.

[123] Xu Z S. Multi-person multi-attribute decision making models under intuitionistic fuzzy environment [J]. Fuzzy Optimization and Decision Making, 2007, 6 (3): 221 – 236.

[124] Xu Z S, Yager R R. Dynamic intuitionistic fuzzy multi-attribute decision making [J]. International journal of approximate reasoning, 2008, 48 (1): 246 – 262.

[125] Yager R R, Abbasov A M. Pythagorean membership grades, complex numbers, and decision making [J]. International Journal of Intelligent Systems, 2013b, 28 (5): 436 – 452.

[126] Yager R R. Pythagorean fuzzy subsets [C]. Ifsa World Congress and Nafips Meeting. 2013: 57 – 61.

[127] Yager R R. Pythagorean membership grades in multicriteria decision making [J]. IEEE Transactions on Fuzzy Systems, 2014, 22 (4): 958 – 965.

[128] Yan A, Shao H, Wang P. A soft-sensing method of dissolved

oxygen concentration by group genetic case-based reasoning with integrating group decision making [J]. Neurocomputing, 2015 (169): 422 – 429.

[129] Yang J F, Jiang G Y. Development of an enhanced route choice model based on cumulative prospect theory [J]. Transportation Research Part C: Emerging Technologies, 2014 (47): 168 – 178.

[130] Yang Y, Ding H, Chen Z, et al. A note on extension of TOPSIS to multiple criteria decision making with Pythagorean fuzzy sets [J]. International Journal of Intelligent Systems, 2015, 31 (1): 68 – 72.

[131] Yao O Y, Witold P. A new model for intuitionistic fuzzy multicriterions decision making. European Journal of Operational Research, 2016 (249): 677 – 682.

[132] Ye J. Improved method of multicriteria fuzzy decision-making based on vague sets [J]. Computer-Aided Design, 2007, 39 (2): 164 – 169.

[133] Ye J. Multiple attribute group decision-making methods with unknown weights in intuitionistic fuzzy setting and interval-valued intuitionistic fuzzy setting [J]. International Journal of General Systems, 2013, 42 (5): 489 – 502.

[134] Yue Z L, Jia Y Y. A method to aggregate crisp values into interval-valued intuitionistic fuzzy informationfor group decision making [J]. Applied Soft Computing, 2013, 13 (5): 2304 – 2317.

[135] Yu X, Chen H, Ji Z. Combination of probabilistic linguistic term sets and PROMETHEE to evaluate meteorological disaster risk: Case study of southeastern China [J]. Sustainability, 2019, 11 (5): 1405.

[136] Yu X H, Xu Z S. Prioritized intuitionistic fuzzy aggregation operators [J]. Information Fusion, 2013, 14 (1): 108 – 116.

［137］Zadeh L A. The concept of a linguistic variable and its applications to approximate reasoning ［J］. Information Sciences. 1975, Part I, 8, 199 – 249; Part II, 8, 301 – 357; Part III, 9, 43 – 80.

［138］Zadeh L A. The concept of a linguistic variable and its application to approximate reasoning—I ［J］. Information sciences, 1974, 8（3）: 199 – 249.

［139］Zavadskas E K, Bausys R, Mazonaviciute I. Safety evaluation methodology of urban public parks by multi-criteria decision making ［J］. Landscape and Urban Planning. 2019: 189, 372 – 381.

［140］Zeng S, Chen J, Li X. A hybrid method for Pythagorean fuzzy multiple-criteria decision making ［J］. International Journal of Information Technology & Decision Making, 2016, 15（2）: 403 – 422.

［141］Zhang C, Li D, Ren R. Pythagorean fuzzy multigranulation rough set over two universes and its applications in merger and acquisition ［J］. International Journal of Intelligent Systems, 2016a, 31（9）: 921 – 943.

［142］Zhang H L, Zhang J, Lu S et al. Modeling hotel room price with geographically weighted regression ［J］. International Journal of Hospitality Management, 2011, 30（4）: 1036 – 1043.

［143］Zhang S T, Zhu J J, Liu X D, Chen Y. Regret theory-based group decision-making with multidimensional preference and incomplete weight information ［J］. Information Fusion. 2016（31）: 1 – 13.

［144］Zhang X, Jin F, Liu P D. A grey relational projection method for multi-attribute decision making based on intuitionistic trapezoidal fuzzy number ［J］. Applied Mathematical Modeling, 2013b, 37（5）: 3467 – 3477.

［145］Zhang X L. Multicriteria pythagorean fuzzy decision analysis: A hierarchical qualiflex approach with the closeness index-based ranking methods [J]. Information Sciences, 2015 (330): 104 - 124.

[146] Zhang X L, Xu Z S. Extension of TOPSIS to multiple criteria decision making with Pythagorean fuzzy sets [J]. International Journal of Intelligent Systems, 2014, 29 (12): 1061 - 1078.

[147] Zhang Y L, Xu Z S, Liao H C. Water security evaluation based on the TODIM method with probabilistic linguistic term sets [J]. Soft Computing, 2019, 23 (15): 6215 - 6230.

[148] Zhang Y L, Xu Z S, Wang H et al. Consistency-based risk assessment with probabilistic linguistic preference relation [J]. Applied Soft Computing, 2016 (49): 817 - 833.

[149] Zhang, Y. X.; Xu, Z. S.; Liao, H. C. A consensus process for group decision making with probabilistic linguistic preference relations [J]. Information Sciences, 2017 (414): 260 - 275.

[150] Zhang Z M. Generalized Atanassov's intuitionistic fuzzy power geometric operators and their application to multiple attribute group decision making [J]. Information Fusion, 2013, 14 (4): 460 - 486.

[151] Zhao X F, Wei G W. Some intuitionistic fuzzy Einstein hybrid aggregation operators and their application to multiple attribute decision making [J]. Knowledge-Based Systems, 2013, 37 (1): 472 - 479.

[152] Zhou W, Xu Z S. Group consistency and group decision making under uncertain probabilistic hesitant fuzzy preference environment [J]. Information Sciences, 2017 (414): 276 - 288.

[153] Zhou X, Shi Y, Deng X et al. D-DEMATEL: A new method to identify critical success factors in emergency management [J]. Safety science, 2017 (91): 93 - 104.

[154] Zhou Y, Guo Y, Liu Y, Wu W, Li Y. Targeted poverty alleviation and land policy innovation: Some practice and policy implications from china [J]. Land Use Policy. 2018 (74): 53 - 65.

[155] Zhu M, Shuai C, Wang X et al. Analysis of China's policy effect on poverty alleviation: Evidence from Chongqing in the Three Gorges Reservoir Region [J]. Quality & Quantity, 2019, 53 (3): 1325 – 1345.